职业教育经管类实战型"十三五"规划教材

ERP沙盘模拟创业经营

ERP SHAPAN MONI CHUANGYE JINGYING

主　编　李赫轩
副主编　应慧花　李四和　刘布丁　刘霜　李婷婷

·广州·

图书在版编目（CIP）数据

ERP 沙盘模拟创业经营/李赫轩主编．—广州：华南理工大学出版社，2017.8
（职业教育经管类实战型"十三五"规划教材）
ISBN 978-7-5623-5322-5

Ⅰ.①E…　Ⅱ.①李…　Ⅲ.①企业管理-计算机管理系统　Ⅳ.①F270.7

中国版本图书馆 CIP 数据核字（2017）第 171197 号

ERP 沙盘模拟创业经营
李赫轩　主编

出 版 人：卢家明
出版发行：华南理工大学出版社
（广州五山华南理工大学 17 号楼，邮编 510640）
http://www.scutpress.com.cn　E-mail：scutc13@scut.edu.cn
营销部电话：020-87113487　87111048（传真）
策划编辑：毛润政
责任编辑：王　倩　毛润政
印 刷 者：佛山市浩文彩色印刷有限公司
开　　本：787mm×960mm　1/16　印张：5.75　字数：130 千
版　　次：2017 年 8 月第 1 版　2017 年 8 月第 1 次印刷
印　　数：1～2 000 册
定　　价：21.00 元

版权所有　盗版必究　　印装差错　负责调换

"职业教育经管类实战型'十三五'规划教材"

编写委员会

主　任：童国梁

副主任：陈　斐　陈立稳　龚　辉

顾　问：邓伟平（广东医药集团董事长、高级经济师）

　　　　单元庄（西安朝华高级管理研究院院长、教授）

　　　　康志英（广州香雪制药股份有限公司副总工程师、高级工程师）

　　　　肖　明（佛山一生伴有限公司董事长总经理）

委　员：植成坚　郑美光　秦　欣　赵　艳　刘布丁

　　　　应慧花　李四和　柴华香　周曼清　鲁　玲

　　　　王秀丽　黄珊珊　周飞敏　谢圣传　谢山保

　　　　韦　艳　龚夏怡　全　意　陈载雅　李赫轩

　　　　刘　霜　李婷婷

淡处着眼　拙处力行（代序）

职业教育在当下之中国显得尤其重要，各级政府和社会各界非常重视。职业教育的关键在于走出"经院体系"，以社会和企业对岗位的需要为本，以实用为出发点。"职业教育经管类实战型'十三五'规划教材"的编写就是出于这个目的。

本系列书在编写过程中，本着"淡处着眼"的原则，力求把最基本的理论知识阐述清楚，让学生容易理解和掌握。同时，在实际操作上，教育学生要善于"拙处力行"，要"撸起袖子干"。世上没有一步登天的好事，凡事都必须按部就班，力行实践。本系列书旨在培养"知而会，会而精"的企业经营实战人才。

本系列书具有以下几个特点：

1. 在吸收同类教科书精华的基础上，结合职业教育特色、实践教学经验，对知识点及技能进行多方位、多角度的准确设计。

2. 本系列书的编者都是具有多年企业工作经验，又在职教一线工作多年的教师。他们理论知识扎实，实战经验丰富。

3. 本系列书实训项目多，由浅入深，以实用为主，够用为度为原则，无论用于任务驱动，还是实操练习，都可使用。

职业教育任重而道远，编写实战型教材也是一项长期而艰巨的任务。为了使职业教育能够更好地为区域经济和社会发展服务，希望各位职教专家和老师群策群力，共同为职业教育而努力。

是为序。

陈　斐
2017 年 5 月

前 言

本教材以经管类专业综合实用型人才为培养重点，以企业运营任务为载体，结合教育部对高职高专学生的培养理念，以项目为导向、任务为驱动，围绕企业关键岗位，按照"突出学习目标，以学生为主体，进行综合实训"的原则整体设计课程内容。

本教材按照企业运营的工作流，把控企业财务流、现金流、信息流，模拟一家生产制造型企业的6年经营，根据市场制订财务计划、市场营销计划、企业经营发展战略等。为满足教学实践环节授课的需要，本教材配备了相应的实训手册，形成基本理念与核心技能操作训练相结合的框架，从而激发学生的动手兴趣、学习兴趣，启发其思维。

本教材由李赫轩担任主编，由李四和、应慧花、刘布丁、刘霜、李婷婷担任副主编，具体分工为：李婷婷编写项目一的任务一，应慧花编写项目一的任务二，刘布丁编写项目二的任务一，刘霜编写项目二的任务二，李四和编写项目二的任务三，李赫轩编写附录。

在此，非常感谢广东岭南现代高级技工学校职教专家们的悉心指导和大力支持！

由于编者水平有限，本书疏漏与不当之处在所难免，敬请同行及广大读者批评指正，以便再版时修正。

编　者
2017年4月

目 录

引 言 .... (1)
  什么是沙盘？ .... (1)
  什么是 ERP？ .... (2)
  什么是 ERP 沙盘？ .... (4)
  课程目标 .... (4)
  学习态度 .... (4)
  学习过程 .... (5)

项目一 实训前准备 .... (6)
  任务一 筹建公司 .... (6)
    一、市场调查 .... (7)
    二、可行性分析 .... (10)
  任务二 组建团队 .... (12)
    一、组建高效的团队 .... (12)
    二、岗位说明及职能要求 .... (13)
    三、公司成立及 CEO 就职演讲 .... (15)

项目二 走进 ERP 创业沙盘 .... (16)
  任务一 了解创业沙盘盘面 .... (16)
    一、营销与规划中心 .... (16)
    二、物流中心 .... (19)
    三、生产中心 .... (20)
    四、财务中心 .... (21)
  任务二 了解 ERP 创业沙盘规则 .... (22)
    一、市场规则 .... (22)
    二、生产线投资 .... (26)
    三、厂房投资 .... (27)
    四、产品研发投资 .... (27)
    五、原材料采购投资 .... (27)
    六、资金筹集 .... (28)

七、破产规则 …………………………………………………………… (29)
任务三　了解运营世界 ……………………………………………………… (29)
一、年初 5 项工作 ……………………………………………………… (29)
二、每季度 19 项工作 ………………………………………………… (30)
三、年末 5 项工作 ……………………………………………………… (33)
附录 1　企业经营记录表 ………………………………………………… (35)
附录 2　生产计划及采购计划 …………………………………………… (62)
附录 3　开工计划 ………………………………………………………… (65)
附录 4　采购及材料付款计划 …………………………………………… (66)
附录 5　广告投入登记表 ………………………………………………… (67)
附录 6　ERP 沙盘模拟对抗规则简表 …………………………………… (80)

引 言

什么是沙盘？

"沙盘"一词来源于战争局势，它通过采用各种模型来模拟战场的地形及武器装备的部署情况，结合战略与战术的变化进行推演，从而迅速制定出有效的作战计划。

据说，秦在部署灭六国时，秦始皇亲自堆制沙盘研究各国地理形势，在李斯的辅佐下，派大将王翦指挥统一战争。后来，秦始皇在修建陵墓时，在自己的陵墓中堆建了一个大型的地形模型。模型中不仅砌有高山、丘陵、城池等，而且还用水银模拟江河、大海，用机械装置使水银流动循环，可以说，这是最早的沙盘雏形，至今已有2200多年历史。

中国南朝宋范晔撰《后汉书·马援传》已有记载：汉建武八年（32）光武帝征伐天水、武都一带地方豪强隗嚣时，大将马援"聚米为山谷，指画形势"，使光武帝顿有"虏在吾目中矣"的感觉，这就是最早的沙盘作业。

欧文堡是美军著名的国家训练中心（图0-1），建于1980年，因其位于加利福尼亚州南部巴斯托市东北60公里处的欧文堡，世人遂简称其为"欧文堡"。它占地2576平方公里，其中训练场区2250平方公里。那里气候恶劣，地形复杂，人烟稀少，陆军的大部分兵器均可在此进行实弹射击。欧文堡由5个独立部分组成：作战大队、第177装甲旅、卫戍司令部、医疗卫生局和指挥大队。其中，作战大队负责指导和训练参训部队；第177装甲旅约2500人，负责扮演敌方。

作为美国陆军最大的训练基地，欧文堡的主要任务是：组织驻美国本土的重型师、旅和营级部队在高强度作战环境中进行艰苦的和近似实战的诸兵种合成训练，同时从参训部队中收集和分析反馈的训练信息，为陆军的训练、作战理论、编制和装备的改进提供第一手资料。

该中心每年训练时间为10个月，全年可训练约8万人。欧文堡的军事训练之所以成效显著，得益于强调训练环境与战场的一致性：实行"假想敌"演习制度以及有一支由700名具有训练经验并经严格选拔的优秀军官组成的训练队伍。全球第一支数字化战斗师——美军第四机步师就是欧文堡训练出来的。

美军领导人评价海湾战争以来的作战胜利，肯定部队在欧文堡进行的仿真训练是十分重要的因素。取胜部队高官也都夸奖欧文堡"红军"比西点军校培养的教官有更强的实战能力。

（图片来源于网络）

图 0-1 欧文堡美军著名的国家训练中心

今天，沙盘已经广泛应用于社会经济生活的各个领域，尤其是城市规划、房地产开发、旅游景区等。随着现代信息技术的发展，出现了能够实时、动态反映客观对象情况的电子沙盘，促使沙盘向自动化、多样化的方向发展。尽管构成沙盘的材质发生了根本性的变化，但"沙盘"这个名词已经约定俗成。

什么是 ERP？

ERP（enterprise resource planning）即企业资源计划，是由美国计算机技术咨询和评估集团 Gartner Group Inc 于 1990 年提出的一种供应链的管理思想。企业资源计划是指建立在信息技术基础上，以系统化的管理思想，为企业决策层及员工提供决策运行手段的管理平台。

ERP 把客户需求和企业内部的制造活动以及供应商的制造资源整合在一起，形成一个完整的供应链。其核心管理思想主要体现在以下三个方面：①对整个供应链资源进行管理的思想；②精益生产、敏捷制造和同步工程的思想；③事先计划与事前控制的思想。

ERP 应用成功的标志是：①系统运行集成化，软件的运作跨越多个部门；②业务流程合理化，各级业务部门根据完全优化后的流程重新构建；③绩效监控动态化,绩效系统能即时反馈信息以便纠正管理中存在的问题;④管理改善持续化,为企业建立了一个可以不断自我评价和不断改善管理的机制。

ERP 具有整合性、系统性、灵活性、实时控制性等显著特点。ERP 系统的供应链管理思想对企业提出了更高的要求,是企业在信息化社会、在知识经济时代繁荣发展的核心管理模式。企业运营基本流程图如图 0-2 所示。

(1) 面向销售,能够对市场快速响应。它纳入了供应链管理功能,强调了供应商、制造商与分销商间的新的伙伴关系,并且支持企业后勤管理。

(2) 更强调企业流程与工作流,通过工作流实现企业的人员、财务、制造与分销间的集成,支持企业过程重组。

(3) 纳入了产品数据管理(product data management,PDM)的功能,增加了对设计数据与过程的管理,并进一步加强了生产管理系统与计算机辅助设计(computer aided design,CAD)、计算机辅助制造(computer aided manufacturing,CMD)系统的集成。

(4) 更多地强调财务管理,具有较完善的企业财务管理体系,这使价值管理概念得以实施,资金流与物流、信息流更加有机地结合。

(5) 较多地考虑人的因素作为资源在生产经营规划中的作用,也考虑了人的培训成本等。

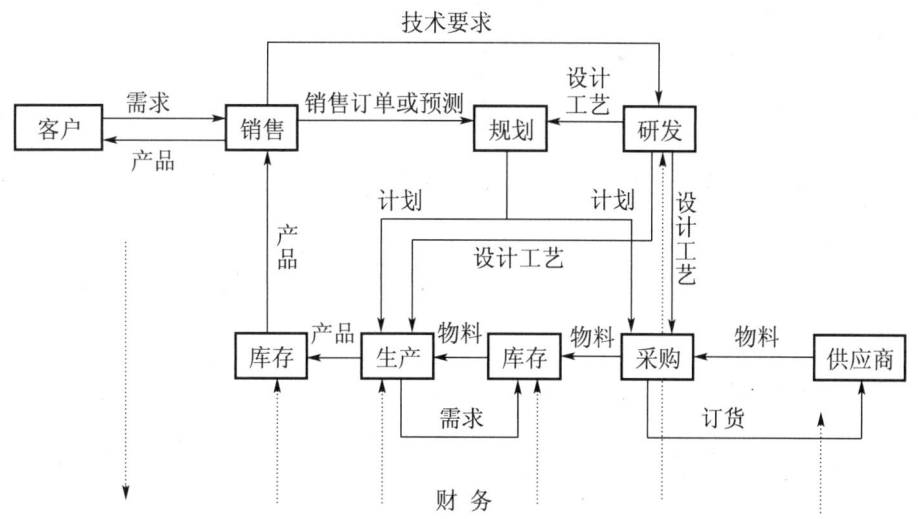

图 0-2 企业运营基本流程图

什么是 ERP 沙盘？

什么是 ERP 沙盘？这是众多初次参加 ERP 沙盘课程学习者的第一个问题，许多学习者是带着这个疑问走进教室的。

ERP 沙盘是针对代表先进的现代企业经营与管理技术——ERP 设计角色体验的实验平台，让学习者在这个实验平台上，通过自己动手，进行实际推演，连续完成 6 年的企业经营操作，从中不断地认识到经营过程中的"错误"，并在老师每年总结点评的基础上，从对企业的"感性认识"加深到对企业整体运营的"理性认识"，在实践过程中，理解企业经营的真谛。

课程目标

通过 ERP 沙盘模拟创业的训练，学习者应该完成以下几个目标：

（1）体验制造业企业创业的过程。

（2）体验制造业企业运营的流程。

（3）理解企业战略的重要性。学会用战略的眼光看待企业的经营与业务，确保业务与战略一致。

（4）了解营销手段和营销策略。学会分析市场、分析竞争对手、定位目标市场，制定营销策略、制定并实施销售计划，实现企业战略目标。

（5）了解生产运作与物流时效性的基本内容。

（6）理解资金流的重要性。掌握财务预算、控制融资成本，提高资金的使用率，了解现金对企业的影响。

（7）理解团队合作的重要性，树立全局观念与共赢理念。岗位分工、共同协作，团队成员要学会换位思考。

（8）学会通过财务看企业。学会资产负债表、利润表的填写；了解资本流转对损益的影响；通过财务报告及分析掌握企业经营状态，支持企业决策。

学习态度

（1）树立共赢理念，持续和谐发展。

（2）树立全局观念，团队合作精神。

（3）树立社会责任，诚信经营。

（4）感悟人生，进行正确抉择。

学习过程（图0-3）

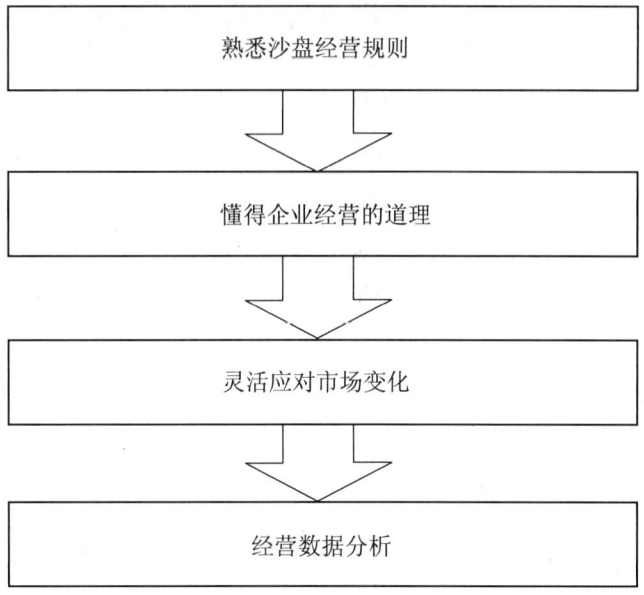

图0-3 学习过程

项目一 实训前准备

在使用 ERP 沙盘前,请同学们先了解 ERP 沙盘模拟创业实训的意义,认清企业的角色定位,根据实际情况组建自己的模拟企业和团队,制定生产经营目标,明确职责,分工合作。

【学习目标】

- 掌握企业模拟经营沙盘的基本情况和意义;
- 组建模拟企业,设定目标和建立企业文化;
- 理解企业各种角色与职责。

任务一 筹建公司

以下是一家权威的市场调研机构对未来6年里各个市场的需求的预测(图1-1),虽然这一预测有着很高的可信度,但根据这一预测进行企业的经营运作,其后果将由各企业自行承担。

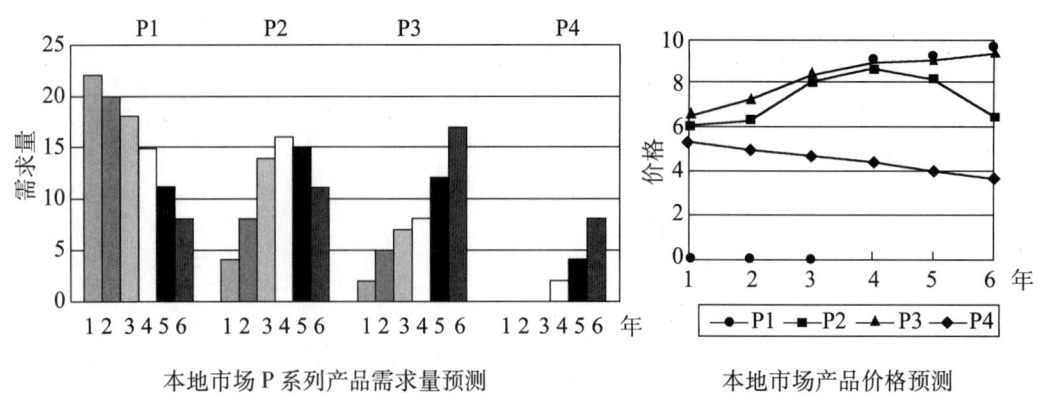

图1-1 市场预测(一)

P1 产品是目前市场上的主流产品，P2 作为对 P1 的技术改良产品，也比较容易获得大众的认同。

P3 和 P4 产品作为 P 系列产品里的高端产品，各个市场对它们的认同度不尽相同，需求量与价格也会有较大的差异。

本地市场将会持续发展，客户对低端产品的需求可能会下滑。伴随着需求的减少，低端产品的价格很有可能会逐步走低。后几年，随着高端产品的成熟，市场对 P3、P4 产品的需求将会逐渐增大。同时随着时间的推移，客户的质量意识将不断提高，后几年可能会对厂商是否通过了 ISO 9000 认证和 ISO 14000 认证有更多的关注。

一、市场调查

【思考】创办一间企业，首先要做什么工作？

第一步，作为创业者，首先要有敏锐的市场意识和捕捉市场商机的能力。请根据图 1-1 的市场预测，回答表 1-1 提出的问题。

表 1-1

1. 我们要选择的产品是什么？	
2. 该产品的竞争力如何？	
3. 我们可能遇到的问题是什么？	

第二步，寻找商机。

有人说创业很艰难，因为自己想到的，别人有可能已经在做了。那如何在激烈的市场中选择一线商机呢？请根据图 1-1 的市场预测，回答表 1-2 提出的问题。

表 1-2

1. 我们选择的产品价格如何？	
2. 我们是否应该开发多种产品？	
3. 我们应该在什么时候进入产品市场？	
4. 根据产品生命周期，我们应该如何选择产品？	

第三步，选择市场。

有人说创业的过程中，99% 的人都是死在了错误的市场上面，可见选择市场十分重要。根据图1-1～图1-5的市场预测回答表1-3提出的问题。

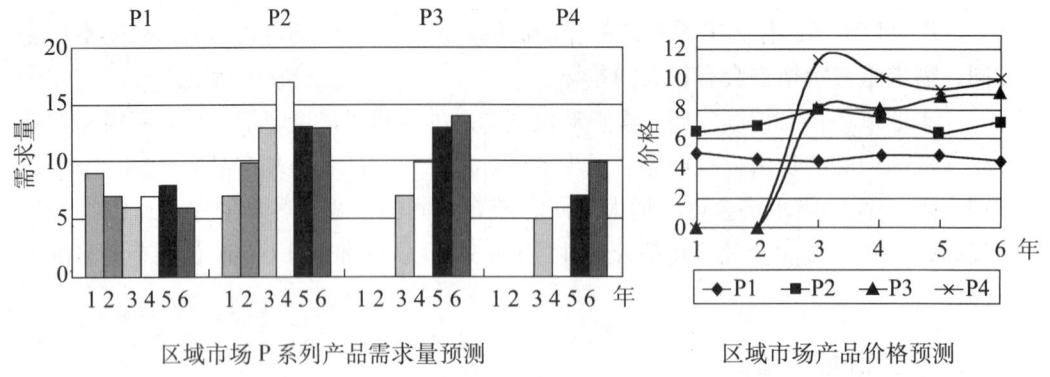

区域市场P系列产品需求量预测　　　　区域市场产品价格预测

图1-2　市场预测（二）

区域市场的客户相对稳定，对P系列产品需求的变化很有可能比较平稳。因紧邻本地市场，所以产品需求量的走势可能与本地市场相似，价格趋势也应大致一样。该市场容量有限，对高端产品的需求也可能相对较小，但客户会对产品的ISO 9000和ISO 14000认证有较高的要求。

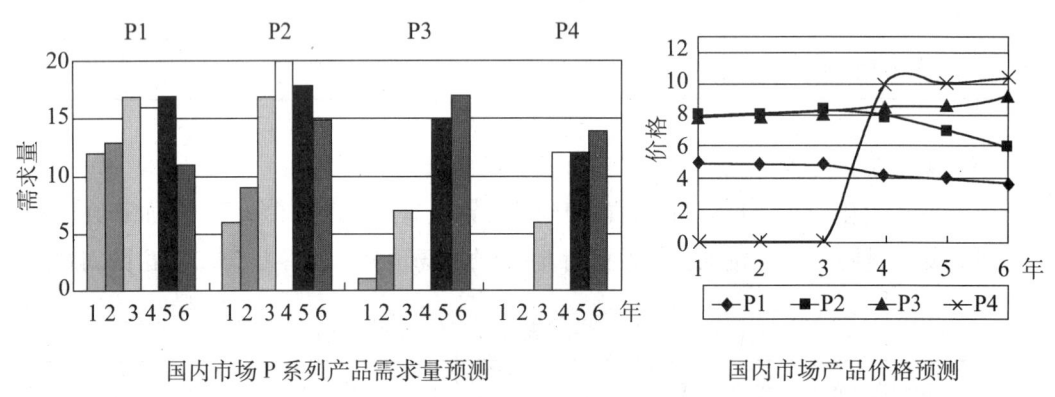

国内市场P系列产品需求量预测　　　　国内市场产品价格预测

图1-3　市场预测（三）

因P1产品带有较浓的地域色彩，估计国内市场对P1产品不会有持久的需求。但P2产品因更适合于国内市场，估计需求一直比较平稳。随着对P系列产品的逐渐认同，估计对P3产品的需求会发展较快。但对P4产品的需求就不一定像P3产品那样旺盛了。当然，对高价值的产品来说，客户一定会更注重产品的质量认证。

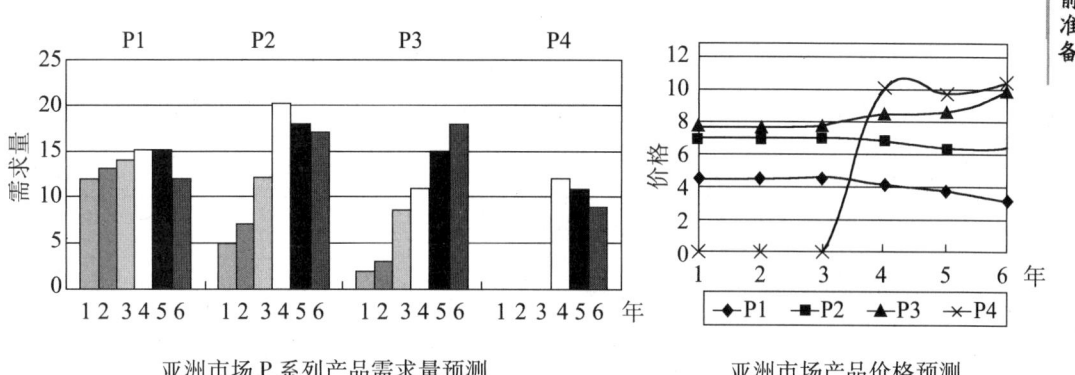

亚洲市场P系列产品需求量预测　　　　亚洲市场产品价格预测

图1-4　市场预测（四）

这个市场一向波动较大，所以对P1产品的需求可能起伏较大，估计对P2产品的需求走势与P1相似。但该市场对新产品很敏感，因此估计对P3、P4产品的需求量会增加较快，价格也可能不菲。另外，这个市场的消费者很看重产品的质量，所以没有ISO 9000和ISO 14000认证的产品可能很难销售。

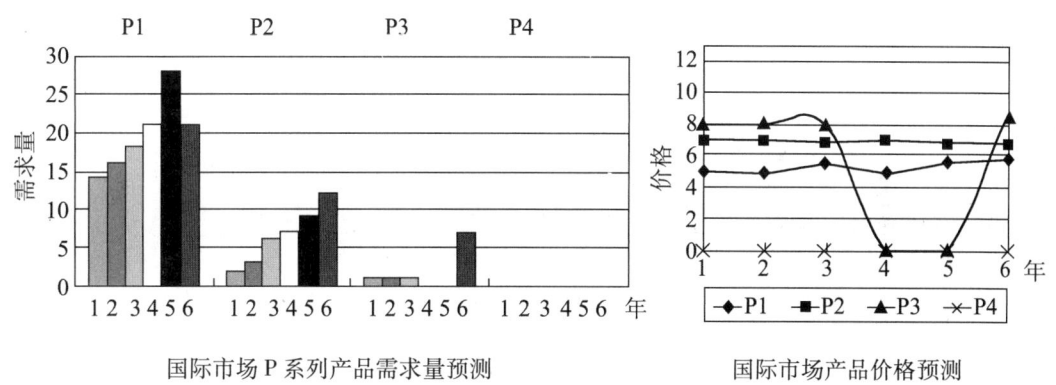

国际市场P系列产品需求量预测　　　　国际市场产品价格预测

图1-5　市场预测（五）

P系列产品进入国际市场可能需要一个较长的时期。有迹象表明，对P1产品已经有所认同，但还需要一段时间才能被市场接受。同样，对P2、P3和P4产品也会很谨慎地接受，需求发展较慢。当然，国际市场的客户也会关注具有ISO认证的产品。

表 1-3

1. 我们选择市场的原则是什么?	
2. 我们是应该先选择产品还是应该先选择市场?	
3. 我们选择的市场优势是什么?	
4. 我们选择的产品应该进入什么市场进行售卖?	
5. 选择单一市场能满足我们的产量吗?	

二、可行性分析

综合图 1-1～图 1-5 的市场预测，对经营的公司进行可行性分析。请根据以下提示，完成相应表格。

（一）概述

公司概述（100 字以内）：对公司的总体情况进行描述，包括公司的特点、根据市场预测（图 1-1～图 1-5）是否符合市场发展需求。

（二）SWOT 分析

根据公司的总体情况进行 SWOT 组合分析。

外部环境 \ 内部环境	优势（S）	劣势（W）
机会（O）	SO 战略	WO 战略
威胁（T）	ST 战略	WT 战略

任务二　组建团队

一、组建高效的团队

在沙盘对抗实训中，要将所有的学生分成若干个团队（团队就是由少数有互补技能，愿意为了共同的目的、业绩目标和方法而相互承担责任的人组成的群体），而在每个团队中，各学生分别担任重要职位，包括 CEO、财务总监、营销总监、生产总监和采购总监等。在经营过程中，团队的合作是必不可少的。要想打造一支高效的团队，应注意以下几点。

（一）有明确的共同目标

团队要共同完成一个目标，这个目标可以使团队的成员向相同的方向努力，能够激发每个团队成员的积极性，并且使队员行动一致。团队要将总体的目标分解为具体的、可度量的、可行的行动目标。这些具体的目标和总体目标要紧密结合，并且要根据情况随时相应地修正。比如团队确立了自己 6 年发展的总目标，还要分解到每一年和每一季度具体目标。

（二）确保团队成员能力的互补

团队必须是一个完善的能力组合，比如担任财务总监的成员就要比较细心，对财务的相关知识有一定的了解，而担任 CEO 的人就应该具备较强的协调能力和组织能力等。

（三）有一位民主－集中型领导

在经营过程中需要做出各种决策，这就需要 CEO 能够统领全局，协调各部门之间的关系，充分调动起每个人的积极性，还要能够做出正确的决策。要成为一个高效、统一的团队，团队领导就必须学会在缺乏足够的信息和统一意见的情况下及时做出决定。而果断的决策机制往往是以牺牲民主和不同意见为代价的，对于团队领导而言，最难做到的莫过于避免被团队内部虚伪的和谐气氛所误导。团队领导还必须采取种种措施，努力引导和鼓励适当的、有建设性的良性冲突，将被掩盖的问题和不同意见摆到桌面上，通过讨论和合理决策将其加以解决；否则的话，将对企业的发展造成巨大的影响。

（四）履行好各自的职责

各团队成员应该按照自己的岗位职责进行经营活动，而且应该把自己的工作做好。比如，采购总监就应该负责原材料的采购，因为如果出现差错，会直接影响以后的生产，而生产的产品数量又会影响交单的情况。所以即使一个小环节的疏漏，也可能会导致满盘皆输。

此外，作为团队中的一员，首先要懂得尊重别人。法国哲学家罗西法古曾说过："如果你要得到仇人，就表现得比你的朋友优越；如果你要得到朋友，就要让你的朋友表现得比你优越。"当我们让朋友表现得比我们还优越时，他们就会有一种被肯定的感觉；但是当我们表现得比他们还优越时，他们就会产生一种自卑感，甚至对我们产生敌视情绪。因为谁都在自觉不自觉地强烈维护着自己的形象和尊严，因此我们要给予对方充分的尊重。其次要能够接受批评，从批评中找出自己的不足。如果团队成员对你的错误大加抨击，即使带有强烈的感情色彩，也不要与之争论不休，而是从积极方面来理解他的抨击。这样，不但对你改正错误有帮助，也避免了语言敌对场面的出现。最后要善于交流，同在一个团队，我们与其他团队成员之间会存在某些差异，知识、能力、经历导致我们在对待和处理问题时，会产生不同的认识。交流是协调的开始，要把自己的想法说出来，听对方的想法，要经常说这样一句话："你看这事该怎么办，我想听听你的看法。"总之，作为一名员工，应该以自己的思想感情、学识修养、道德品质、处世态度、举止风度，做到坦诚而不轻率，谨慎而不拘泥，活泼而不轻浮，豪爽而不粗俗，这样一定可以和团队其他成员融洽相处，提高自己团队的作战能力。

二、岗位说明及职能要求

按照一般实训课程要求，可按照5人一个团队进行分组；如学生较多时，可增加财务助理岗位。具体岗位职责见图1-6。

总经理	财务主管	营销主管	生产主管	供应主管
●制订发展战略	●日常财务记账和登账	●市场调查分析	●产品研发管理	●编制采购计划
●竞争格局分析	●向税务部门报税	●市场进入策略	●管理体系认证	●供应商谈判
●经营指标确定	●提供财务报表	●品种发展策略	●固定资产投资	●签订采购合同
●业务策略制订	●日常现金管理	●广告宣传策略	●编制生产计划	●监控采购过程
●全面预算管理	●企业融资策略制定	●制订销售计划	●平衡生产能力	●到货验收
●管理团队协同	●成本费用控制	●争取订单与谈判	●生产车间管理	●仓储管理
●企业绩效分析	●资金调度与风险管理	●签订合同与过程控制	●产品质量保证	●采购支付抉择
●业绩考评管理	●财务制度与风险管理	●按时发货及应收款管理	●成品库存管理	●与财务部协同
●管理授权与总结	●财务分析与协助决策	●销售绩效分析	●产品外协管理	●与生产部协同

图1-6 岗位划分与职责

1. 总经理——CEO

职能要求：制定企业发展战略规划；带领团队共同确定企业经营决策；审核财务状况；听取企业盈利（亏损）状况报告。

岗位说明：在沙盘模拟中 CEO 发挥最大作用，如果所带领的团队在模拟对抗中意见相左，由 CEO 拍板决定。

2. 营销总监——CSO

职能要求：开拓市场（稳定企业现有市场，积极拓展新市场）；预测市场并制订销售计划；合理投放广告；根据企业生产能力取得匹配的客户订单；与生产部门沟通让其按时交货；监督货款的回收。

岗位说明：制订广告方案；参加订单竞单；交货给客户；市场开拓/ISO 资格认证。

3. 生产总监——COO

职能要求：制订生产计划，监控生产过程；负责企业生产管理工作；协调完成生产计划，控制生产成本；落实生产计划和能源的调度；保持生产正常运行，及时交货；组织新产品研发，扩充改进生产设备；做好生产车间的现场管理。

岗位说明：产品研发投资；更新生产/完工入库；购买/更新/转产生产线；开始新的生产；支付设备维护费。

4. 财务总监——CFO

职能要求：筹集和管理资金；做好现金预算；核算成本；按时报送财务报表；做好财务分析；核算企业经营成果；对成本数据进行分类和分析。

岗位说明：登账；管账；财务分析。

5. 采购主管

职能要求：编制采购计划；支付采购货款；到货验收；仓储管理；采购物流控制；与财务部门协调；与生产部门协调。

岗位说明：接受并支付已定购的货物；下原材料计划。

6. 财务助理

职能要求：日常现金收支管理。

岗位说明：支付税金；短期贷款/支付利息；更新应收账款/归还应付账款；支付行政管理费；长期贷款；支付购买（或租赁）厂房费用；折旧。

各职能部门座位如图 1-7 所示。

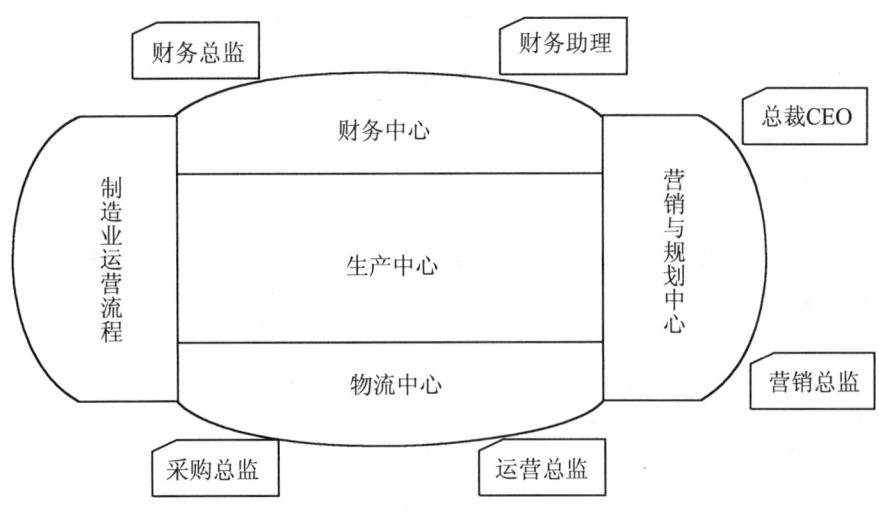

图 1-7 各职能部门座位图

三、公司成立及 CEO 就职演讲

（一）公司命名

公司成立之后，每个小组要由 CEO 主持召开第一次员工大会。在这次会议中要为自己组建的公司命名。公司名称对一个企业将来的发展至关重要，因为公司名称不仅关系到企业在行业内的影响力，还关系到企业所经营的产品投放市场后，消费者对本企业的认可度。当品牌命名或公司名称符合行业特点，有深厚的文化底蕴，又是广大消费者熟知的且无重复名称时，企业的竞争力就会明显区别于行业内的企业，为打造知名品牌奠定了基础。因此各小组要集思广益，为自己的企业起一个响亮的名字。

（二）确定企业使命

企业使命是在企业远景的基础之上，具体定义企业在全社会经济领域中所经营的活动范围和层次，具体表现为企业在社会经济活动中的身份或角色。企业使命包括企业的经营哲学、企业的宗旨和企业的形象。在第一次员工大会上，团队成员还要集体讨论确定企业的宗旨和企业形象等问题。

（三）CEO 就职演讲

小组讨论结束后，由 CEO 代表自己的公司进行就职演讲，阐述自己公司的使命与目标等，为下一步具体经营管理企业打下良好的基础。

项目二　走进 ERP 创业沙盘

ERP 创业沙盘模拟将企业的主要部门和工作对象制作成类似的实物模型，将企业运行过程设计为运作规则，进而模拟企业的经营过程。企业管理模拟一般将学生按团队进行划分，常常将其假定为一家公司，然后在指定的创业情景与条件下，演习各种管理活动。

学习目标

- 了解创业沙盘盘面；
- 熟练掌握沙盘模拟运营规则；
- 熟悉沙盘模拟运营流程。

任务一　了解创业沙盘盘面

沙盘盘面按照制造业企业的职能部门划分为四个职能中心（图 2-1），分别是营销与规划中心、生产中心、物流中心和财务中心。各职能中心覆盖了企业运营的所有关键环节：战略规划、市场营销、生产组织、采购管理、库存管理、财务管理等，是一个制造业企业的缩影。

一、营销与规划中心

在盘面上，营销与规划中心包括三个区域：市场开拓规划区、产品研发规划区和 ISO 认证规划区，如图 2-2 所示。

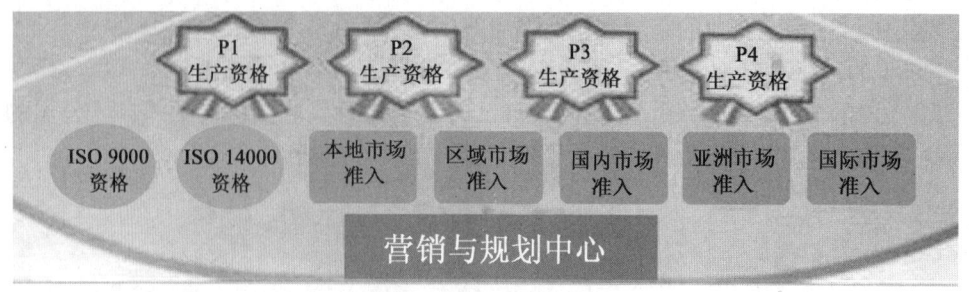

图 2-2　营销与规划中心

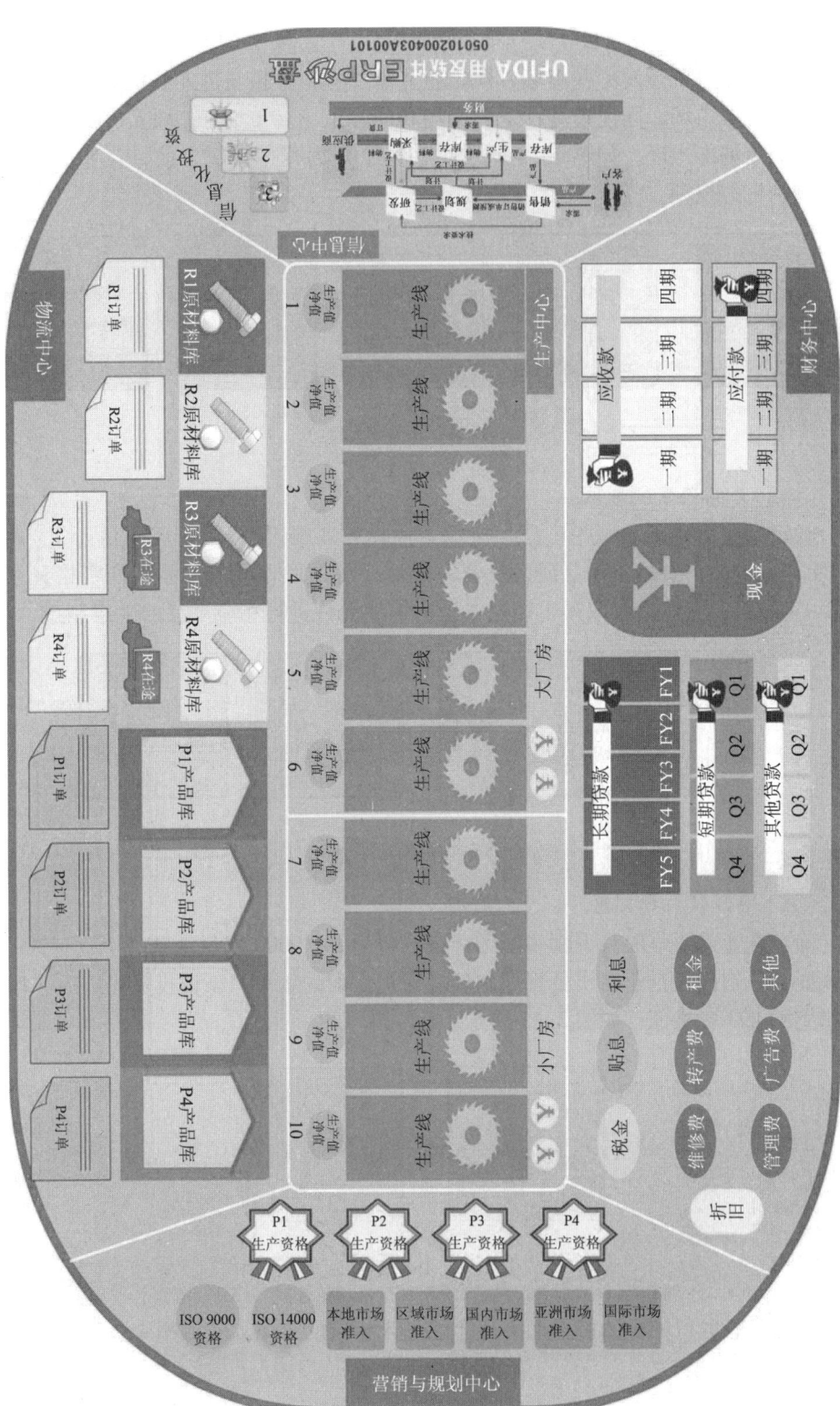

图2-1 沙盘盘面

（一）市场开拓规划区

确定企业需要开发哪些市场。模拟企业需要选择开拓与进入的市场，包括：本地市场、区域市场、国内市场、亚洲市场和国际市场。市场开拓投资完成后，可领取相应的市场准入证，如图2-3所示。在某个市场开拓完成之前，企业没有进入该市场销售的权利。

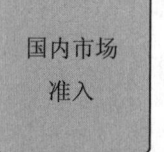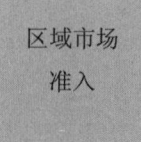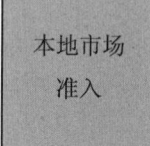

图2-3　市场准入证

（二）产品研发规划区

确定企业需要研发哪些产品。模拟企业需要取得P1产品、P2产品、P3产品和P4产品的生产资格。产品研发投资完成后，可领取相应的产品生产资格证，如图2-4所示。企业只有取得生产资格证后，才允许进行相应产品的生产制造。

图2-4　生产资格证

（三）ISO认证规划区

确定企业需要争取获得哪些国际认证，包括ISO 9000质量认证和ISO 14000环境认证，分别代表企业在质量管理和环境保护方面的水平。认证投资完成后，可领取相应的ISO资格证，如图2-5所示。

图2-5　ISO资格证

企业只有取得相应的资格证书，才能进入相应的市场、获得相应产品生产销售的市场资格。

二、物流中心

在盘面上,物流中心包括五个区域:原材料订单区、在途原材料区、原材料库区、产品订单区和产品库区,如图2-6所示。

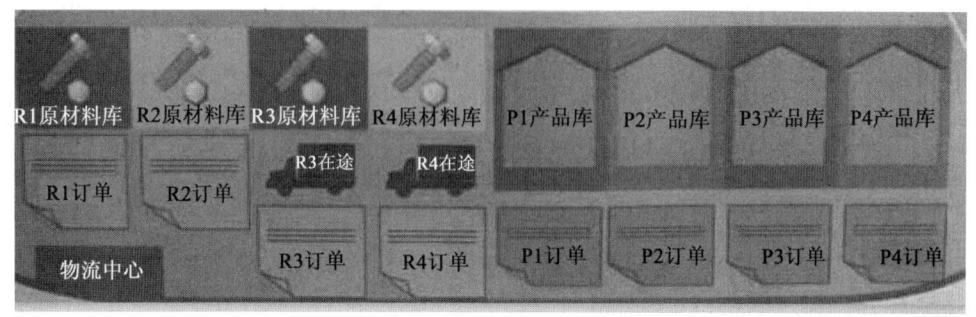

图2-6 物流中心

(一)原材料订单区

原材料订单代表与供应商签订的采购合同,订货数量用原材料订单处的空桶数量表示。原材料订单按R1、R2、R3和R4品种分别采购。

注意:空桶有多重含义,除了表示原材料订单外,如果放在贷款区则代表贷款,还可以与筹码结合表示在制品或产成品。空桶如图2-7所示。

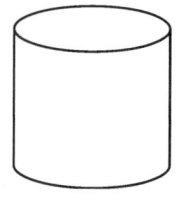

图2-7 空桶

(二)在途原材料区

R1和R2原材料采购提前期为一个季度;R3和R4原材料的采购提前期为两个季度,这就导致R3和R4有一个季度为在途原材料,在盘面的"在途原材料"区域表示。

(三)原材料库区

原材料库分别按照原材料品种列示,用于存放原材料R1、R2、R3、R4。原材料用红、黄、蓝、绿四种彩币表示,每个价值10万元。这里,我们用大写字母M表示模拟货币单位名称,即1个筹码=10万元=1M。彩币如图2-8所示。

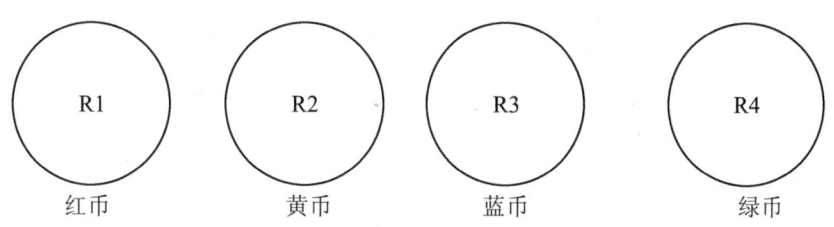

图2-8 彩币(原材料)

（四）产品库区

产品库区分别按照产品品种列示，用于存放完工入库的产成品 P1、P2、P3、P4，如图 2-9 所示。

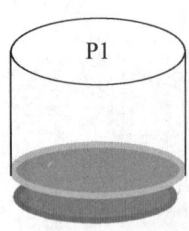
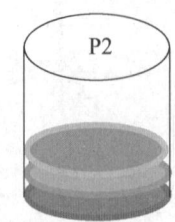
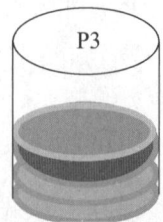
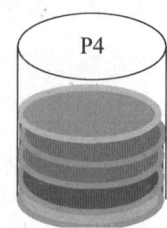

图 2-9 产品

（五）产品订单区

产品订单分别按照产品品种列示，用于放置模拟企业取得的客户订单。

三、生产中心

在盘面上，生产中心包括四个区域：厂房区、生产线区、产品标识区和价值区，如图 2-10 所示。

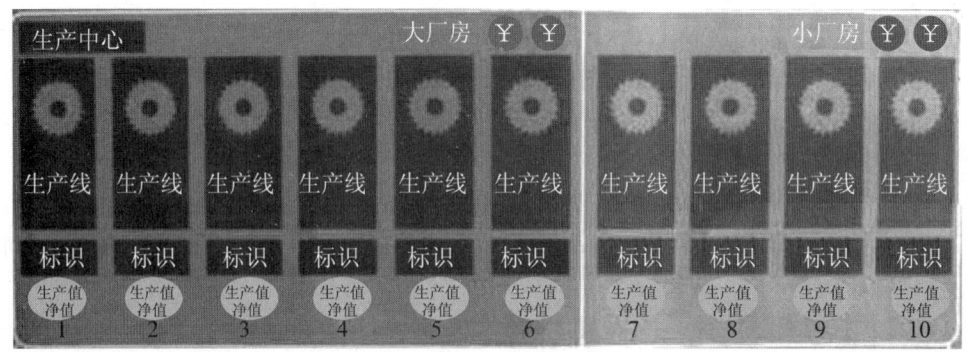

图 2-10 生产中心

（一）厂房区

沙盘盘面上设计了大小两种厂房，大厂房可以容纳 6 条生产线，小厂房可以容纳 4 条生产线。厂房右上方为其价值区，用"￥"表示，若厂房是购买的，则将相应金额的灰币放在该厂房的价值区上。

（二）生产线区

生产线有手工生产线、半自动生产线、全自动生产线、柔性生产线等种类，不同生产线生产效率及灵活性不同，企业拥有哪种生产线就将对应的生产线标识放在厂房的机位上。生产线标识如图 2-11 所示。生产线上的方格表示生产周期，生产周期的时间单位为季度（以大写字母 Q 表示季度，下同）。

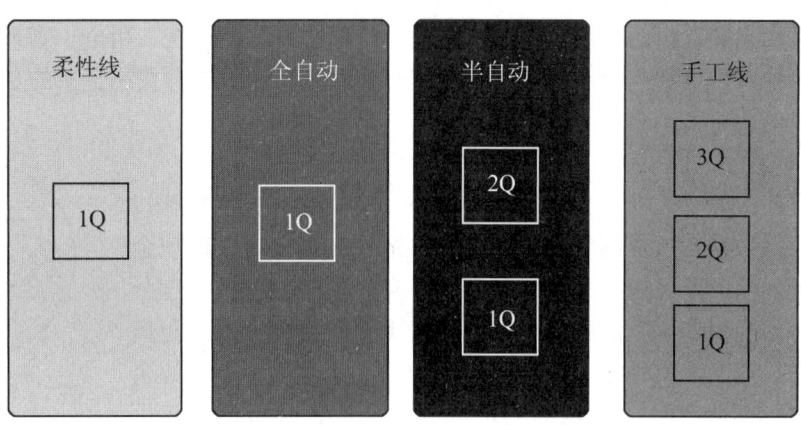

图 2-11　生产线标识

（三）产品标识区

可供企业选择生产或研发的产品有四种，分别用 P1、P2、P3、P4 表示，企业的生产线生产哪种产品，就将相应的产品标识放置在生产线下方的产品标识处。产品标识如图 2-12 所示。

图 2-12　产品标识

（四）价值区

在产品标识的下方，代表的是生产线的净值（原值－折旧），将企业拥有的生产线价值放在其对应的"生产线净值"位置上。

四、财务中心

在盘面上，财务中心包括四个区域：费用区、贷款区、现金库区、应收/应付款项区，如图 2-13 所示。

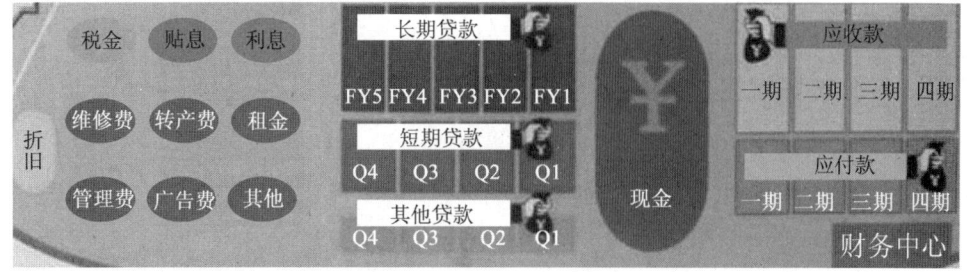

图 2-13　财务中心

（一）费用区

费用主要有折旧、税金、贴息、利息、维修费、转产费、租金、管理费、广告费及其他费用等。当企业发生以上费用时，财务总监将同等费用金额的灰币放置在盘面上对应的费用名称处。

（二）贷款区

贷款主要有长期贷款、短期贷款和其他贷款。长期贷款按年度分期，盘面上长期贷款区的每个方格代表1年，距离现金库最近的为1年，以此类推，最长为5年。短期贷款按季度分期，盘面上短期贷款区的每个方格代表1个季度（1Q），距离现金库最近的为1季度（1Q），最远的为4季度（4Q）。如企业向银行申请20M贷款时，灰币放入现金库，并将盛放灰币的空桶倒置于贷款区相应的位置上，1个空桶代表20M的贷款。

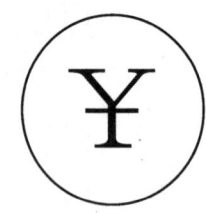

图2-14 灰币

（三）现金库区

现金库用于存放企业的现金（货币资金），现金用灰币表示，每个价值1M。灰币如图2-14所示。

（四）应收应付款项区

应收应付款项区用于列示企业的应收、应付款项，按照季度分为4个账期，账期的单位为季度（Q），盘面上每个方格代表一个季度。距离现金库最近的为1个账期，最远的为4个账期。应收账款是企业由于采用赊销方式销售商品而应向购买单位收取的款项，应收账款的金额用放在相应账期位置上的灰币表示。本书规则中不涉及应付款。

任务二　了解ERP创业沙盘规则

企业的正常运营涉及筹资、投资、生产、营销、研发、物流等各个方面，受到来自各个方面条件的制约。企业要不断地提升自我赢得竞争，就必须熟练地掌握市场规则，并将其熟练地运用。所以在模拟经营决策之前，应该熟练掌握以下运营规则。

一、市场规则

（一）市场准入投资

市场准入规则见表2-1。

表2-1 市场准入规则

市场	开拓费用	持续时间/年	总投资
本地	1M	1	1M
区域	1M	1	1M
国内	1M	2	2M
亚洲	1M	3	3M
国际	1M	4	4M

注：新市场包括本地、区域、国内、亚洲、国际市场，不同市场投入的费用及时间不同，市场可同时开拓，也可以分别开拓，不能加速投资，但允许中断，只有市场投入完成后方可在该市场投入广告选单。

（二）市场认证投资

产品认证规则见表2-2。

表2-2 产品认证规则

管理体系	ISO 9000	ISO 14000
建立时间/年	≥2	≥3
所需投资	1M/年	1M/年

注：①市场开发：市场开发投资按年度支付，允许同时开发多个市场，但每个市场每年最多投资为1M，不允许加速投资，但允许中断，市场开发完成后持开发费用凭证到指导教师处领取市场准入证，之后才允许进入该市场选单。

② ISO 认证：两项认证投资可同时进行或延期，相应投资完成后领取 ISO 资格证，研发投资与认证投资计入当年综合费用。

（三）销售会议与订单争取

每年初各企业的销售经理与客户见面并召开销售会议，根据市场地位、产品广告投入、市场广告投入和市场需求及竞争态势，按顺序选择订单。

1. 选单顺序

市场：本地—区域—国内—亚洲—国际

产品：P1—P2—P3—P4

注：①选单顺序为本地市场的 P1、P2、P3、P4，到区域市场的 P1、P2、P3、P4，再到国内市场的 P1、P2、P3、P4，依此类推。

首先，由上年在该市场的订单价值决定市场领导者（市场老大），并由其最先选择订单；其次，按产品的广告投入量的多少，依次选择订单；若在同一产品上有多家企业的广告投入量相同，则按照该市场上全部产品的广告投入量决定选单顺

序；若该市场的广告投入量也相同，则按上年订单销售额的排名决定选单顺序；否则通过招标方式选择订单。

2. 广告费

投入广告费有两个作用，一是获得拿取订单的机会，二是判断选单顺序。广告分为产品广告和认证广告。

（1）产品广告：投入1M产品广告费，可以获得最多一次拿取订单的机会（如果不投产品广告就没有选单机会），一次机会允许取得一张订单；如果要获得更多的拿单机会，则每一个机会需要投入2M产品广告费。比如：投入3M产品广告费表示有两次获得订单的机会，最多可以获得2张订单；投入5M产品广告费有三次获得订单的机会，最多可以获得3张订单，依此类推。

在广告登记表中按照市场、产品登记广告费用，如表2-3所示，这是第一年A组广告登记表。

表2-3　市场准入规则之广告费的投入

第1年本地				第1年区域				第1年国内			
产品	广告	9K	14K	产品	广告	9K	14K	产品	广告	9K	14K
P1				P1				P1			
P2				P2				P2			
P3				P3				P3			
P4				P4				P4			

提醒：

①每年只有一次客户订单会，也就是每年只有一次拿订单的机会。

②无论你投入多少广告费，每次只能选1张订单，然后等待下一次选单机会。

③只是说有机会获得，并不一定绝对获得订单。

（2）认证广告：如果要获取有ISO要求的订单，必须获得ISO认证资格证书，并且在当年的广告费中投入ISO认证的广告费，每市场（是每市场而不是每产品，与上面有区别）打广告相关认证需1M。

提醒：

①ISO相应的认证没有开发出来不能打此类广告，并且什么时候有ISO要求的订单要根据市场预测图分析确定。

②订单中设有9K（代表"ISO 9000"，下同）和14K（代表"ISO 14000"，下同）两栏。这两栏中的投入不是认证费用，而是取得认证之后的宣传费用，该投入对整个市场所有产品有效。

③如果希望获得有"ISO 9000"或"ISO 14000"要求的订单，必须在相应的栏目中投入1M广告费。

3．选单流程

（1）各公司将广告费按市场、产品填写在广告登记表中。

（2）订货会依照本地、区域、国内、亚洲、国际市场依次召开，在每个市场中依照 P1、P2、P3、P4 的顺序，依次选单。对于已经结束选单的市场或产品，同一年份中，不允许再进行选单。

（3）产品广告确定公司对订单的需求量。

（4）排选单顺序（选单顺序前文已介绍）。

（5）按选单顺序分轮次进行选单，有资格的公司在各轮中只能选择一张订单。当第一轮选单完成后，如果还有剩余的订单，还有选单机会的公司可以按选单顺序进入下一轮选单。

提醒：

①选择订单时，可以根据能力放弃选择订单的权利。当某一轮放弃选单后，视为本轮退出该产品的选单，即在本产品中，不得再次选单。

②市场地位是针对每个市场而言的。企业的市场地位根据上一年度各企业的销售额排列，销售额最高的企业称为该市场的"市场领导者"，俗称"市场老大"。

4．订单分类

市场根据需求以订单卡片的形式表示，如图 2-15 所示。卡片上标注了市场、产品、产品数量、单价、订单价值总额、账期、特殊要求等要素。

```
第 3 年         本地市场         P2 - 1/4
产品数量：2P2
产品单价：8.5M/个
总　金　额：17M
账　　　期：4Q
ISO 9000                          加急！
```

图 2-15 客户订单

订单上的账期代表客户收货时货款的交付方式。若为 0 账期，则现金支付；若为 4 账期，代表客户付给企业的是 4 个季度到期的应收账款。

如果订单上标注了"ISO 9000"或"ISO 14000"，那么要求生产单位必须取得了相应认证并投放了认证广告费，两个条件均具备，才能得到这张订单。

如果订单上标注了加急，则代表需要在第一季度就交货；如果没有标注则默认为 4 个季度任一规定交货时间均可交货；如交货期标注为 3Q，则为在前 3 个季度任一规定的时间交货即可。

5．违约处理

所有订单必须在规定的期限内完成（按订单上的产品数量交货），即加急订单必须在第一季度交货，普通订单必须在本年度交货等；如果订单没有完成，按下列条款加以处罚。

第一，下年市场地位下降一级（如果是市场第一的，则该市场第一空缺，所有公司均没有优先选单的资格）。

第二，本年度结束时扣除订单额25%（向上取整）作为违约金。

例如，A公司在第2年时为本地市场的老大，且在本地市场上有一张订单总额为20M，但由于产能计算失误，在第2年不能交货，则第2年结束时，需要扣除5M（20M×25%）的违约金，收回订单；并在参加第3年本地市场订货会时丧失市场老大的订单选择优先权。

二、生产线投资

生产线购买、转产与维护、出售规则如表2-4所示。

表2-4　生产线相关规则

生产线	买价	每季投入	安装周期	生产周期	转产周期	转产费用	维护费用	出售残值
手工线	5M	5M	无	3Q	无	无	1M/（年/条）	1M
半自动	10M	5M	2Q	2Q	1Q	1M	1M/（年/条）	2M
全自动	15M	5M	3Q	1Q	2Q	4M	1M/（年/条）	3M
柔性线	20M	5M	4Q	1Q	无	无	1M/（年/条）	4M

注：①所有生产线都能生产所有产品，所需支付的人工费均为1M。

②购买：投资新生产线时按安装周期平均支付投资，全部投资到位的下一季度领取产品标识，开始生产。投资平均支付不能加速，但可以中断投资，投资完毕后的下一个季度才能使用。

③转产：现有生产线转产新产品时可能需要一定转产周期并支付一定的转产费用，最后一笔支付到期后的下一个季度方可更换产品标识。

④维护：当年在建的生产线和当年出售的生产线不用交维护费。

⑤出售：出售生产线时，如果生产线净值小于残值，将净值转换为现金；如果生产线净值大于残值，将相当于残值的部分转换为现金，将差额部分作为费用处理（综合费用——其他）。

⑥折旧：所有设备需计算折旧费用的年限均为4年。4年折旧完成后，若继续使用，不再计提折旧，待设备出手时按残值出售。使用均衡计提折旧的原则，4类生产线的折旧如表2-5所示。

⑦空生产线才能上线生产，一条生产线只能生产一个产品，每生产一个产品需要交纳1M的生产费用。

表 2-5　折旧相关规则

生产线	原值	残值	需折年限/年	第一年	第二年	第三年	第四年
手工线	5M	1M	4	1M	1M	1M	1M
半自动	10M	2M	4	2M	2M	2M	2M
全自动	15M	3M	4	3M	3M	3M	3M
柔性线	20M	4M	4	4M	4M	4M	4M

三、厂房投资

厂房购买、租赁与出售规则如表 2-6 所示。

表 2-6　厂房购买、租赁与出售规则

厂房	买价	租金	售价	容量
大厂房	40M	5M/年	40M（4Q）	6 条生产线
小厂房	30M	3M/年	30M（4Q）	4 条生产线

注：年底决定厂房是购买还是租赁。出售厂房计入 4 期应收款，购买后将购买价放在厂房价值处，厂房不计提折旧。

四、产品研发投资

产品研发规则如表 2-7 所示。

表 2-7　产品研发相关规则

产品	P1	P2	P3	P4
研发时间	4Q	6Q	6Q	6Q
研发投资	1M/Q	1M/Q	2M/Q	3M/Q
研发总额	4M	6M	12M	18M

注：新产品研发投资可以同时进行，按季度平均支付或延期，资金短缺时可以中断，但必须完成投资后方可接单生产。研发投资计入综合费用，研发投资完成后持全部投资凭证换取产品生产资格证。

五、原材料采购投资

产品原材料及成本构成规则如表 2-8 所示。

表2-8 产品原材料及成本构成规则

产品	原材料	原材料价值	加工费	直接生产成本
P1	R1	1	1M	2M
P2	R2 + R3	2M	1M	3M
P3	R1 + R3 + R4	3M	1M	4M
P4	R2 + R3 + 2R4	4M	1M	5M

注：①R1 红币，R2 黄币，R3 蓝币，R4 绿币，均为原材料。
②R1、R2 提前一期下订单，R3、R4 提前二期下订单，到期方可取料。
③上线生产必须有原材料，否则必须"停工待料"。

原材料订单提前期及成本构成规则如表2-9所示。

表2-9 原材料订单提前期及成本构成规则

产品	订单提前期	价格
R1	1Q	1M
R2	1Q	1M
R3	2Q	1M
R4	2Q	1M

注：①没有下订单的原材料不能采购入库。
②所有下订单的原材料到期必须采购入库。
③原材料入库时必须到交易处支付现金购买已到期的原材料。

六、资金筹集

融资贷款与资金贴现规则如表2-10所示。

表2-10 融资贷款与资金贴现规则

贷款类型	办理时间	最大额度	利息率	还款约定
长期贷款（5年）	每年年初	上一年所有者权益×3－已贷贷款总额	10%	年底付息，到期还本
短期贷款（1年）	每季度初		5%	到期一次还本付息
高利贷	任何时间	与银行协商	与银行协商	到期一次还本付息
资金贴现	任何时间	视应收账款额	1:6	贴现时付息

注：①长期贷款每年必须归还利息，到期还本，本利双清后，如果还有额度时，才允许重新申请贷款。即如果有贷款需要归还，同时还拥有贷款额度时，必须先归还到期的贷款，才能申请新贷款。不能以新贷还旧贷（续贷），短期贷款也按本规定执行。

②结束年时，不要求归还没有到期的各类贷款。
③长期贷款最多可贷 5 年，最短期限为 1 年；短期贷款期限为 1 年。
④所有的贷款只能按 20 的倍数进行，并不允许提前还款。
⑤资金贴现在有应收款时随时可以进行，金额是 7 的倍数，不论应收款期限长短，每贴现 7M 应收账款需交 1M 的贴现费。

七、破产规则

任一经营期内，当所有者权益小于零（资不抵债时）和现金流断流时为破产。破产后，企业仍可以继续经营。

任务三　了解运营世界

一、年初 5 项工作

（一）新年度规划会议

新的一年开始之际，企业管理团队要制订（调整）企业战略，做出经营规划、设备投资规划等，还要进行销售预算和财务预算。

古人云，"居安思危，未雨绸缪"。预算是企业经营决策和长期投资决策目标的一种数量表现，即通过有关数据将企业全部的运营活动具体地、系统地反映出来。销售预算是编制财务预算的关键和起点，主要是对本年度要达成的销售目标的预测，销售预算的内容是销售数量、单价和销售收入等。

（二）参加订货会/支付广告费/登记销售订单

参加订货会：各企业派销售总监参加订货会，按照市场地位、广告投放、竞争态势、市场需求等条件分配客户订单。

提醒：

争取客户订单前，应以企业的产能、设备投资计划等为依据；避免接单不足、设备闲置，或盲目接单，无法按时交货而交纳违约金。

支付广告费：财务助理将广告费放置在沙盘上的"广告费"位置；财务总监记录支出的广告费。

登记销售订单：客户订单相当于企业签订的订货合同，需要进行登记管理。销售主管领取订单后，负责将订单登记在订单登记表中，记录每张订单的订单号、所属市场、所订产品、产品数量、订单销售额、应收账期等，如表 2-11 所示。

表 2-11　销售订单登记表

订单号									合计
市场									
产品									
数量									
账期									
销售额									
成本									
毛利									
未售									

（三）制订新年度计划

在明确当年的销售任务后，需要结合企业未来的预期，编制生产计划、采购计划、设备投资计划并进行相应的资金预算。

（四）支付税费

依法纳税是每个企业及公民的义务。财务助理按照上一年度利润表的所得税一项的数值取出相应的现金放置于沙盘上的税金处，财务总监做好账目登记。

（五）支付利息/更新长期贷款/申请长期贷款

支付利息：长期贷款的还款规则是每年付息，到期还本。如果当年没到期，需要按照10%付息，财务助理从现金库中取出长期贷款利息放置于沙盘上的利息处，财务总监做好账目登记。长期贷款到期时，财务助理从现金库中取出现金归还本金及当年的利息，财务总监做好账目登记。

更新长期贷款：如果企业有长期贷款，每过一年财务助理将空桶向现金库方向移动一格；当移动至现金库时，表示长期贷款到期。

申请长期贷款：长期贷款只有在年末可以申请。可以申请的额度为：上一年所有者权益×3－已贷贷款总额。

二、每季度19项工作

（一）季度初现金盘点（须填写余额）

财务助理盘点当前现金库中的现金，财务总监在企业经营记录表中记录现金余额。

（二）更新短期贷款/还本付息/申请短期贷款

更新短期贷款：如果企业贷款的还款规则是一次还本付息，短期贷款到期时，需要支付5%的利息。财务助理需要从现金库中取现金，除了需要还银行的贷款外，还需要付5%的利息放置在沙盘上的利息处，财务总监做好现金收支记录。

申请短期贷款：短期贷款只有在这一时点上可以申请，财务助理到银行办理贷款手续。可以申请的最高额度为：上一年所有者权益×3－已贷贷款总额。

（三）更新应付款/归还应付款

本书不涉及应付款项。

（四）原材料入库/更新原材料订单

供应商依据订单发出的货已抵达企业时，企业必须无条件接受货物并支付原材料货款。采购总监将原材料订单区的空桶向原材料库方向推进一格，到达原材料库时，向财务总监申请原材料款支付给供应商，换取相应的原材料，在企业经营记录表中登记入库的原材料数量。如果现金支付，财务总监要做好现金收支记录。

（五）下原材料订单

采购总监根据年初制定的采购计划，决定采购的原材料的品种及数量，每个空桶代表一批原材料，将相应数量的空桶放置于对应品种的原材料订单处。

（六）更新生产/完工入库

由生产主管将各生产线上的在制品向上推进一格。产品下线表示产品完工，将产品放置于相应的产成品库，在企业经营记录表中登记入库的产品数量。

（七）投资新生产线/变卖生产线/生产线转产

投资新生产线：投资新设备时，生产总监向指导老师领取新生产线标识，翻转放置于某厂房相应位置，其上放置空桶表示在建生产线，每个季度向财务总监申请建设资金，额度＝设备总购买价值/安装周期，财务总监做好现金收支记录。在全部投资完成后的下一个季度，将生产线标识翻转过来，领取产品标识，可以开始投入使用。

变卖生产线：当生产线上的在制品完工后，可以决定是否变卖生产线。生产线按净值出售，财务总监将生产线残值转为现金，差额记入其他费用，财务总监做好现金收支记录。

生产线转产：生产线转产是指某生产线转而生产其他产品。不同生产线类型转产所需的调整时间及资金投入是不同的。如果需要转产且该生产线需要一定的转产周期及转产费用，生产总监翻转生产标识，按季度向财务总监申请并支付转产费用；停工满足转产周期要求并支付全部的转产费用后，再次翻转生产线标识，领取新的产品标识，开始新的生产。财务总监做好有关转产的收支记录。

提醒：

①生产线一旦建设完成，不得在各厂房间随意移动。

②需要转产的生产线必须是空置的，有生产产品的生产线不能进行转产。

（八）向其他企业购买原材料/出售原材料

新产品上线时，原材料库中必须备有足够的原材料，否则需要停工待料，这时采购总监可以考虑向其他企业购买。如果按原材料的原值购入，购买方视同原材料入库处理，出售方采购总监从原材料库中取出原材料，向购买方收取同值现金，放入现金库并做好现金收支登记。如果高于原材料原值购入，购买方将差额（支出现金－原材料价值）记入利润表中的其他支出项目，出售方将差额记入利润表中的其他收入项目，财务总监做好现金收支记录，双方采购主管登记出入库的材料数量。

（九）开始下一批生产

当更新生产/完工入库后，某些生产线的在制品已经完工，可以考虑开始生产新产品。由生产总监按照产品结构从原材料库中取出原材料，并向财务总监申请产品加工费，将上线产品摆放到离原材料库最近的生产周期，在企业经营记录表中登记在制的产品数量。采购总监登记出库的原材料数量。

（十）更新应收账款/应收款收现

财务助理将应收款向现金库方向推进一格，到达现金库时即成为现金，财务总监做好现金收支记录。

提醒：

在资金出现缺口且不具备银行贷款的情况下，可以考虑应收款贴现。应收款贴现随时可以进行，财务总监按7的倍数收取应收账款，其中1/7作为贴现费用置于沙盘上的贴息处，6/7放入现金库，财务总监做好现金收支记录。应收账款贴现时要考虑账期因素。

（十一）出售厂房

资金不足时可以出售厂房，厂房按购买价值出售，但得到的是4账期应收账款。

（十二）向其他企业购买成品/出售成品

如果产品计算有误，有可能本年度不能交付客户订单，这样不仅信誉尽失，而且需要接受订单总额25%的罚款。这时销售主管可以考虑向其他企业购买产品。如果以成本价购买，买卖双方正常处理；如果高于成本价购买，购买方将差价（支付现金－产品成本）计入其他费用，出售方将差价计入销售收入，财务总监做好现金收支记录。双方的市场总监登记出入库产品数量。

（十三）按订单交货

市场总监检查各成品库中的产品数量是否满足客户订单要求，满足则按照客户订单交付约定数量的产品给客户，并在订单登记表中登记该批产品的成本。客户按订单收货，并按订单上列明的条件支付货款，若为现金（0账期）付款，财务助理直接将现金置于现金库，财务总监做好现金收支记录；若为应收账款，财务总监将现金置于应收账款相应账期处，并在企业经营记录表中登记出库的产品数量。

提醒：必须按订单整单交货。

（十四）产品研发投资

按照年初制定的产品研发计划，市场主管向财务总监申请研发资金，置于相应产品生产资格位置。财务总监做好现金收支记录。

提醒：产品研发投资完成，领取相应产品的生产资格证。

（十五）支付行政管理费

管理费用是企业为了维持运营而发放的管理人员工资、必要的费用、招待费等。财务助理取出1M摆放在管理费处，财务总监做好现金收支记录。

（十六）其他现金收支情况登记

除以上引起现金流动的项目外，还有一些没有对应项目的，如应收账款贴现、高利贷利息、未交订单罚款等，可以直接记录在该项中。

（十七）现金收入合计

财务总监统计本季度现金收入总额，其他业务总监登记本季度入库的原材料/产品/在制品的数量。

（十八）现金支出合计

财务总监统计本季度现金支出总额，第四季度的统计数字中包括四季度本身年底发生的。其他业务总监登记本季度出库的原材料/产品/在制品的数量。

（十九）期末现金对账

财务助理盘点现金余额，财务总监做好登记。其他业务总监盘点所管理的生产要素的数量并登记。

以上19项工作每个季度都要执行。

三、年末5项工作

（一）支付设备维护费

在用的每条生产线需支付1M的维护费，生产总监向财务总监提出设备维修申请，财务助理取相应现金置于沙盘上的维修费处，财务总监做好现金收支记录。

（二）支付租金/购买厂房

大厂房为自主厂房，如果本年在小厂房中安装了生产线，此时要决定该厂房是购买还是租用。如果购买，财务助理取出与厂房价值相等的现金置于沙盘上的厂房价值处；如果租赁，财务助理取出与厂房租金相等的现金置于沙盘上的租金处。无论购买还是租赁，财务总监都应做好现金收支记录。

（三）计提折旧

厂房不计提折旧，设备按平均年限法计提折旧，在建工程及当年新建设备不计提折旧。财务助理从生产线净值中取折旧费放置于沙盘上的折旧处。

提醒：计提折旧时只涉及生产线净值和其他费用两个项目，与现金流无关，因此在企业运营流程中标注了"（ ）"以示区别，计算现金收/支合计时不应考虑该项目。

（四）新市场开拓/ISO认证投资

新市场开拓：市场总监向财务总监申请市场开拓费，财务助理取出现金放置在要开拓的市场区域，财务总监做好现金支出记录。市场开发完成，从指导教师处领取相应市场准入证。

ISO 认证投资：市场总监向财务总监申请 ISO 认证费用，财务助理取出现金放置在要认证的项目上，财务总监做好现金支出记录。认证完成，从指导老师处领取 ISO 资格证。

（五）结账

财务总监需要编制产品核算统计表、综合费用表、利润表和资产负债表。企业各项经营活动最终都会反映在财务数字上，财务总监不仅要提供对外财务报告，更重要的是细化核算，为企业决策提供更为详细的管理信息。

1．现金收支登记

企业每一项经营活动，涉及现金收支的要在企业经营记录表中做好记录。现金收入记"＋"也可以省略"＋"，现金支出记"－"。

2．费用明细

利润表只反映"综合费用"一个项目，实际上综合费用由多项细化的费用构成，包括广告费、管理费、维护费、转产费、租金、市场开拓费用、ISO 资格认证费用、产品研发费用、其他费用等 9 项。

3．报表及纳税

每年末，应对企业的财务状况及经营成果进行核算，上交资产负债表和利润表。

如果企业盈利，则需要按国家规定上缴税金。每年所得税计入应付税金，在下一年初缴纳。所得税以弥补以前年度亏损后的余额为基数计算。

附录1　企业经营记录表

起 始 年

企业经营流程

请按顺序执行下列各项操作。	每执行完一项操作，CEO在相应的方格内打钩。财务总监（助理）在方格中填写现金收支情况。				
新年度规划会议					
参加订货会/登记销售订单					
制订新年度计划					
支付应付税					
支付利息/更新长期贷款/申请长期贷款					
支付租金/购买厂房					
季初现金盘点（请填余额）					
更新短期贷款/还本付息/申请短期贷款（高利贷）					
更新应付款/归还应付款					
原材料入库/更新原材料订单					
下原材料订单					
更新生产/完工入库					
投资新生产线/变卖生产线/生产线转产					
向其他企业购买原材料/出售原材料					
开始下一批生产					
更新应收款/应收款收现					
出售厂房					
向其他企业购买成品/出售成品					
按订单交货					
产品研发投资					
支付行政管理费					
其他现金收支情况登记					
支付设备维护费					
计提折旧					（　）
新市场开拓/ISO资格认证投资					
结账					
现金收入合计					
现金支出合计					
期末现金对账（请填余额）					

订单登记表

订单号										合 计
市 场										
产 品										
数 量										
账 期										
销售额										
成 本										
毛 利										
未 售										

产品核算统计表

	P1	P2	P3	P4	合 计
数 量					
销售额					
成 本					
毛 利					

综合管理费用明细表   单位：万元

项 目	金 额	备 注
管理费		
广告费		
维护费		
租 金		
转产费		
市场准入开拓		□区域　□国内　□亚洲　□国际
ISO 资格认证		□ISO 9000　□ISO 14000
产品研发		P2（　）　P3（　）　P4（　）
其 他		
合 计		

利润表

单位：万元

项 目	上 年 数	本 年 数
销售收入		
直接成本		
毛 利		
综合费用		
折旧前利润		
折 旧		
支付利息前利润		
财务收入/支出		
其他收入/支出		
税前利润		
所得税		
净利润		

资产负债表

单位：万元

资 产	期初数	期末数	负债和所有者权益	期初数	期末数
流动资产：			负债：		
现 金			长期负债		
应收款			短期负债		
在制品			应付账款		
成 品			应交税金		
原材料			一年内到期的长期负债		
流动资产合计			负债合计		
固定资产：			所有者权益：		
土地和建筑			股东资本		
机器与设备			利润留存		
在建工程			年度净利		
固定资产合计			所有者权益合计		
资产总计			负债和所有者权益总计		

第 一 年

企业经营流程

请按顺序执行下列各项操作。	每执行完一项操作，CEO 在相应的方格内打钩。 财务总监（助理）在方格中填写现金收支情况。				
新年度规划会议					
参加订货会/登记销售订单					
制订新年度计划					
支付应付税					
支付利息/更新长期贷款/申请长期贷款					
支付租金/购买厂房					
季初现金盘点（请填余额）					
更新短期贷款/还本付息/申请短期贷款（高利贷）					
更新应付款/归还应付款					
原材料入库/更新原材料订单					
下原材料订单					
更新生产/完工入库					
投资新生产线/变卖生产线/生产线转产					
向其他企业购买原材料/出售原材料					
开始下一批生产					
更新应收款/应收款收现					
出售厂房					
向其他企业购买成品/出售成品					
按订单交货					
产品研发投资					
支付行政管理费					
其他现金收支情况登记					
支付设备维护费					
计提折旧					（　）
新市场开拓/ISO 资格认证投资					
结账					
现金收入合计					
现金支出合计					
期末现金对账（请填余额）					

现金预算表

	1	2	3	4
期初库存现金				
支付上年应交税				
市场广告投入				
利息（长期贷款）				
支付到期长期贷款				
租金				
购买新建筑				
贴现费用				
利息（短期贷款）				
支付到期短期贷款				
原材料采购支付现金				
转产费用				
生产线投资				
工人工资				
产品研发投资				
收到现金前的所有支出				
应收款到期				
支付管理费用				
设备维护费用				
市场开拓投资				
ISO认证投资				
其他				
库存现金余额				

要点记录

第一季度：_____

第二季度：_____

第三季度：_____

第四季度：_____

年底小结：_____

订单登记表

订单号							合计
市　场							
产　品							
数　量							
账　期							
销售额							
成　本							
毛　利							
未　售							

产品核算统计表

	P1	P2	P3	P4	合　计
数　量					
销售额					
成　本					
毛　利					

综合管理费用明细表　　　　　　　　　　　　　　　单位：万元

项　目	金　额	备　注
管理费		
广告费		
维护费		
租　金		
转产费		
市场准入开拓		□区域　□国内　□亚洲　□国际
ISO 资格认证		□ISO 9000　　□ISO 14000
产品研发		P2（　　）　P3（　　）　P4（　　）
其　他		
合　计		

40

利 润 表　　　　　　　　　　　　单位：万元

项　目	上 年 数	本 年 数
销售收入		
直接成本		
毛　利		
综合费用		
折旧前利润		
折　旧		
支付利息前利润		
财务收入/支出		
其他收入/支出		
税前利润		
所得税		
净利润		

资产负债表　　　　　　　　　　　　单位：万元

资　产	期初数	期末数	负债和所有者权益	期初数	期末数
流动资产：			负债：		
现　金			长期负债		
应收款			短期负债		
在制品			应付账款		
成　品			应交税金		
原材料			一年内到期的长期负债		
流动资产合计			负债合计		
固定资产：			所有者权益：		
土地和建筑			股东资本		
机器与设备			利润留存		
在建工程			年度净利		
固定资产合计			所有者权益合计		
资产总计			负债和所有者权益总计		

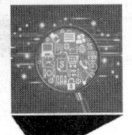

第 二 年

企业经营流程

请按顺序执行下列各项操作。		每执行完一项操作，CEO 在相应的方格内打钩。 财务总监（助理）在方格中填写现金收支情况。			
新年度规划会议					
参加订货会/登记销售订单					
制订新年度计划					
支付应付税					
支付利息/更新长期贷款/申请长期贷款					
支付租金/购买厂房					
季初现金盘点（请填余额）					
更新短期贷款/还本付息/申请短期贷款（高利贷）					
更新应付款/归还应付款					
原材料入库/更新原材料订单					
下原材料订单					
更新生产/完工入库					
投资新生产线/变卖生产线/生产线转产					
向其他企业购买原材料/出售原材料					
开始下一批生产					
更新应收款/应收款收现					
出售厂房					
向其他企业购买成品/出售成品					
按订单交货					
产品研发投资					
支付行政管理费					
其他现金收支情况登记					
支付设备维护费					
计提折旧					（ ）
新市场开拓/ISO 资格认证投资					
结账					
现金收入合计					
现金支出合计					
期末现金对账（请填余额）					

现金预算表

	1	2	3	4
期初库存现金				
支付上年应交税				
市场广告投入				
利息（长期贷款）				
支付到期长期贷款				
租金				
购买新建筑				
贴现费用				
利息（短期贷款）				
支付到期短期贷款				
原材料采购支付现金				
转产费用				
生产线投资				
工人工资				
产品研发投资				
收到现金前的所有支出				
应收款到期				
支付管理费用				
设备维护费用				
市场开拓投资				
ISO 认证投资				
其他				
库存现金余额				

要点记录

第一季度：_____

第二季度：_____

第三季度：_____

第四季度：_____

年底小结：_____

订单登记表

订单号										合计
市　场										
产　品										
数　量										
账　期										
销售额										
成　本										
毛　利										
未　售										

产品核算统计表

	P1	P2	P3	P4	合　计
数　量					
销售额					
成　本					
毛　利					

综合管理费用明细表

单位：万元

项　目	金　额	备　注
管理费		
广告费		
维护费		
租　金		
转产费		
市场准入开拓		□区域　□国内　□亚洲　□国际
ISO 资格认证		□ISO 9000　　□ISO 14000
产品研发		P2（　　）　P3（　　）　P4（　　）
其　他		
合　计		

利润表

单位：万元

项　　目	上年数	本年数
销售收入		
直接成本		
毛　利		
综合费用		
折旧前利润		
折　旧		
支付利息前利润		
财务收入/支出		
其他收入/支出		
税前利润		
所得税		
净利润		

资产负债表

单位：万元

资　　产	期初数	期末数	负债和所有者权益	期初数	期末数
流动资产：			负债：		
现　金			长期负债		
应收款			短期负债		
在制品			应付账款		
成　品			应交税金		
原材料			一年内到期的长期负债		
流动资产合计			负债合计		
固定资产：			所有者权益：		
土地和建筑			股东资本		
机器与设备			利润留存		
在建工程			年度净利		
固定资产合计			所有者权益合计		
资产总计			负债和所有者权益总计		

第 三 年

企业经营流程

请按顺序执行下列各项操作。	每执行完一项操作，CEO 在相应的方格内打钩。财务总监（助理）在方格中填写现金收支情况。				
新年度规划会议					
参加订货会/登记销售订单					
制订新年度计划					
支付应付税					
支付利息/更新长期贷款/申请长期贷款					
支付租金/购买厂房					
季初现金盘点（请填余额）					
更新短期贷款/还本付息/申请短期贷款（高利贷）					
更新应付款/归还应付款					
原材料入库/更新原材料订单					
下原材料订单					
更新生产/完工入库					
投资新生产线/变卖生产线/生产线转产					
向其他企业购买原材料/出售原材料					
开始下一批生产					
更新应收款/应收款收现					
出售厂房					
向其他企业购买成品/出售成品					
按订单交货					
产品研发投资					
支付行政管理费					
其他现金收支情况登记					
支付设备维护费					
计提折旧					( )
新市场开拓/ISO 资格认证投资					
结账					
现金收入合计					
现金支出合计					
期末现金对账（请填余额）					

现金预算表

	1	2	3	4
期初库存现金				
支付上年应交税				
市场广告投入				
利息（长期贷款）				
支付到期长期贷款				
租金				
购买新建筑				
贴现费用				
利息（短期贷款）				
支付到期短期贷款				
原材料采购支付现金				
转产费用				
生产线投资				
工人工资				
产品研发投资				
收到现金前的所有支出				
应收款到期				
支付管理费用				
设备维护费用				
市场开拓投资				
ISO 认证投资				
其他				
库存现金余额				

要点记录

第一季度：＿＿＿＿＿＿＿＿＿＿＿＿＿＿＿＿＿＿＿＿＿＿＿＿＿＿＿＿＿＿＿＿＿＿

第二季度：＿＿＿＿＿＿＿＿＿＿＿＿＿＿＿＿＿＿＿＿＿＿＿＿＿＿＿＿＿＿＿＿＿＿

第三季度：＿＿＿＿＿＿＿＿＿＿＿＿＿＿＿＿＿＿＿＿＿＿＿＿＿＿＿＿＿＿＿＿＿＿

第四季度：＿＿＿＿＿＿＿＿＿＿＿＿＿＿＿＿＿＿＿＿＿＿＿＿＿＿＿＿＿＿＿＿＿＿

年底小结：＿＿＿＿＿＿＿＿＿＿＿＿＿＿＿＿＿＿＿＿＿＿＿＿＿＿＿＿＿＿＿＿＿＿

订单登记表

订单号										合计
市　场										
产　品										
数　量										
账　期										
销售额										
成　本										
毛　利										
未　售										

产品核算统计表

	P1	P2	P3	P4	合　计
数　量					
销售额					
成　本					
毛　利					

综合管理费用明细表　　　　　　　　　　单位：万元

项　目	金　额	备　注
管理费		
广告费		
维护费		
租　金		
转产费		
市场准入开拓		□区域　□国内　□亚洲　□国际
ISO 资格认证		□ISO 9000　□ISO 14000
产品研发		P2（　）　P3（　）　P4（　）
其　他		
合　计		

利润表

单位：万元

项　目	上 年 数	本 年 数
销售收入		
直接成本		
毛　利		
综合费用		
折旧前利润		
折　旧		
支付利息前利润		
财务收入/支出		
其他收入/支出		
税前利润		
所得税		
净利润		

资产负债表

单位：万元

资　产	期初数	期末数	负债和所有者权益	期初数	期末数
流动资产：			负债：		
现　金			长期负债		
应收款			短期负债		
在制品			应付账款		
成　品			应交税金		
原材料			一年内到期的长期负债		
流动资产合计			负债合计		
固定资产：			所有者权益：		
土地和建筑			股东资本		
机器与设备			利润留存		
在建工程			年度净利		
固定资产合计			所有者权益合计		
资产总计			负债和所有者权益总计		

第 四 年

企业经营流程

请按顺序执行下列各项操作。	每执行完一项操作，CEO 在相应的方格内打钩。 财务总监（助理）在方格中填写现金收支情况。				
新年度规划会议					
参加订货会/登记销售订单					
制订新年度计划					
支付应付税					
支付利息/更新长期贷款/申请长期贷款					
支付租金/购买厂房					
季初现金盘点（请填余额）					
更新短期贷款/还本付息/申请短期贷款（高利贷）					
更新应付款/归还应付款					
原材料入库/更新原材料订单					
下原材料订单					
更新生产/完工入库					
投资新生产线/变卖生产线/生产线转产					
向其他企业购买原材料/出售原材料					
开始下一批生产					
更新应收款/应收款收现					
出售厂房					
向其他企业购买成品/出售成品					
按订单交货					
产品研发投资					
支付行政管理费					
其他现金收支情况登记					
支付设备维护费					
计提折旧					( )
新市场开拓/ISO 资格认证投资					
结账					
现金收入合计					
现金支出合计					
期末现金对账（请填余额）					

现金预算表

	1	2	3	4
期初库存现金				
支付上年应交税				
市场广告投入				
利息（长期贷款）				
支付到期长期贷款				
租金				
购买新建筑				
贴现费用				
利息（短期贷款）				
支付到期短期贷款				
原材料采购支付现金				
转产费用				
生产线投资				
工人工资				
产品研发投资				
收到现金前的所有支出				
应收款到期				
支付管理费用				
设备维护费用				
市场开拓投资				
ISO 认证投资				
其他				
库存现金余额				

要点记录

第一季度：_____

第二季度：_____

第三季度：_____

第四季度：_____

年底小结：_____

订单登记表

订单号										合计
市　场										
产　品										
数　量										
账　期										
销售额										
成　本										
毛　利										
未　售										

产品核算统计表

	P1	P2	P3	P4	合　计
数　量					
销售额					
成　本					
毛　利					

综合管理费用明细表　　　　　　　　　　　　　　单位：万元

项　目	金　额	备　注
管理费		
广告费		
维护费		
租　金		
转产费		
市场准入开拓		□区域　　□国内　　□亚洲　　□国际
ISO 资格认证		□ISO 9000　　□ISO 14000
产品研发		P2（　　）　P3（　　）　P4（　　）
其他		
合　计		

利 润 表　　　　　　　　　单位：万元

项　目	上 年 数	本 年 数
销售收入		
直接成本		
毛　利		
综合费用		
折旧前利润		
折　旧		
支付利息前利润		
财务收入/支出		
其他收入/支出		
税前利润		
所得税		
净利润		

资产负债表　　　　　　　　　单位：万元

资　产	期初数	期末数	负债和所有者权益	期初数	期末数
流动资产：			负债：		
现　金			长期负债		
应收款			短期负债		
在制品			应付账款		
成　品			应交税金		
原材料			一年内到期的长期负债		
流动资产合计			负债合计		
固定资产：			所有者权益：		
土地和建筑			股东资本		
机器与设备			利润留存		
在建工程			年度净利		
固定资产合计			所有者权益合计		
资产总计			负债和所有者权益总计		

第 五 年

企业经营流程

请按顺序执行下列各项操作。	每执行完一项操作，CEO 在相应的方格内打钩。财务总监（助理）在方格中填写现金收支情况。				
新年度规划会议					
参加订货会/登记销售订单					
制订新年度计划					
支付应付税					
支付利息/更新长期贷款/申请长期贷款					
支付租金/购买厂房					
季初现金盘点（请填余额）					
更新短期贷款/还本付息/申请短期贷款（高利贷）					
更新应付款/归还应付款					
原材料入库/更新原材料订单					
下原材料订单					
更新生产/完工入库					
投资新生产线/变卖生产线/生产线转产					
向其他企业购买原材料/出售原材料					
开始下一批生产					
更新应收款/应收款收现					
出售厂房					
向其他企业购买成品/出售成品					
按订单交货					
产品研发投资					
支付行政管理费					
其他现金收支情况登记					
支付设备维护费					
计提折旧					( )
新市场开拓/ISO 资格认证投资					
结账					
现金收入合计					
现金支出合计					
期末现金对账（请填余额）					

附录1 企业经营记录表

现金预算表

	1	2	3	4
期初库存现金				
支付上年应交税				
市场广告投入				
利息（长期贷款）				
支付到期长期贷款				
租金				
购买新建筑				
贴现费用				
利息（短期贷款）				
支付到期短期贷款				
原材料采购支付现金				
转产费用				
生产线投资				
工人工资				
产品研发投资				
收到现金前的所有支出				
应收款到期				
支付管理费用				
设备维护费用				
市场开拓投资				
ISO 认证投资				
其他				
库存现金余额				

要点记录

第一季度：_____

第二季度：_____

第三季度：_____

第四季度：_____

年底小结：_____

订单登记表

订单号										合计
市　场										
产　品										
数　量										
账　期										
销售额										
成　本										
毛　利										
未　售										

产品核算统计表

	P1	P2	P3	P4	合　计
数　量					
销售额					
成　本					
毛　利					

综合管理费用明细表　　　　　　　　　　　　　　单位：万元

项　目	金　额	备　注
管理费		
广告费		
维护费		
租　金		
转产费		
市场准入开拓		□区域　□国内　□亚洲　□国际
ISO 资格认证		□ISO 9000　　□ISO 14000
产品研发		P2（　）　P3（　）　P4（　）
其　他		
合　计		

利 润 表

单位：万元

项　　目	上 年 数	本 年 数
销售收入		
直接成本		
毛　利		
综合费用		
折旧前利润		
折　旧		
支付利息前利润		
财务收入/支出		
其他收入/支出		
税前利润		
所得税		
净利润		

资产负债表

单位：万元

资　　产	期初数	期末数	负债和所有者权益	期初数	期末数
流动资产：			负债：		
现　金			长期负债		
应收款			短期负债		
在制品			应付账款		
成　品			应交税金		
原材料			一年内到期的长期负债		
流动资产合计			负债合计		
固定资产：			所有者权益：		
土地和建筑			股东资本		
机器与设备			利润留存		
在建工程			年度净利		
固定资产合计			所有者权益合计		
资产总计			负债和所有者权益总计		

第 六 年

企业经营流程

请按顺序执行下列各项操作。	每执行完一项操作，CEO 在相应的方格内打钩。 财务总监（助理）在方格中填写现金收支情况。				
新年度规划会议					
参加订货会/登记销售订单					
制订新年度计划					
支付应付税					
支付利息/更新长期贷款/申请长期贷款					
支付租金/购买厂房					
季初现金盘点（请填余额）					
更新短期贷款/还本付息/申请短期贷款（高利贷）					
更新应付款/归还应付款					
原材料入库/更新原材料订单					
下原材料订单					
更新生产/完工入库					
投资新生产线/变卖生产线/生产线转产					
向其他企业购买原材料/出售原材料					
开始下一批生产					
更新应收款/应收款收现					
出售厂房					
向其他企业购买成品/出售成品					
按订单交货					
产品研发投资					
支付行政管理费					
其他现金收支情况登记					
支付设备维护费					
计提折旧					（ ）
新市场开拓/ISO 资格认证投资					
结账					
现金收入合计					
现金支出合计					
期末现金对账（请填余额）					

现金预算表

	1	2	3	4
期初库存现金				
支付上年应交税				
市场广告投入				
利息（长期贷款）				
支付到期长期贷款				
租金				
购买新建筑				
贴现费用				
利息（短期贷款）				
支付到期短期贷款				
原材料采购支付现金				
转产费用				
生产线投资				
工人工资				
产品研发投资				
收到现金前的所有支出				
应收款到期				
支付管理费用				
设备维护费用				
市场开拓投资				
ISO 认证投资				
其他				
库存现金余额				

要点记录

第一季度：_____

第二季度：_____

第三季度：_____

第四季度：_____

年底小结：_____

附录1 企业经营记录表

订单登记表

订单号										合计
市 场										
产 品										
数 量										
账 期										
销售额										
成 本										
毛 利										
未 售										

产品核算统计表

	P1	P2	P3	P4	合 计
数 量					
销售额					
成 本					
毛 利					

综合管理费用明细表　　　　　　　　　　　单位：万元

项 目	金 额	备 注
管理费		
广告费		
维护费		
租 金		
转产费		
市场准入开拓		□区域　□国内　□亚洲　□国际
ISO 资格认证		□ISO 9000　□ISO 14000
产品研发		P2（　）　P3（　）　P4（　）
其 他		
合 计		

利润表

单位：万元

项　　目	上 年 数	本 年 数
销售收入		
直接成本		
毛　利		
综合费用		
折旧前利润		
折　旧		
支付利息前利润		
财务收入/支出		
其他收入/支出		
税前利润		
所得税		
净利润		

资产负债表

单位：万元

资　　产	期初数	期末数	负债和所有者权益	期初数	期末数
流动资产：			负债：		
现　金			长期负债		
应收款			短期负债		
在制品			应付账款		
成　品			应交税金		
原材料			一年内到期的长期负债		
流动资产合计			负债合计		
固定资产：			所有者权益：		
土地和建筑			股东资本		
机器与设备			利润留存		
在建工程			年度净利		
固定资产合计			所有者权益合计		
资产总计			负债和所有者权益总计		

附录1 企业经营记录表

附录2 生产计划及采购计划

附录表2-1 生产计划及采购计划编制举例

生产线		第1年				第2年				第3年			
		一季度	二季度	三季度	四季度	一季度	二季度	三季度	四季度	一季度	二季度	三季度	四季度
1 手工	产品			┐P1									
	材料		R1										
2 手工	产品					┐P1							
	材料	R1	┐P1		R1								
3 手工	产品				┐P1								
	材料	R1		┐P1									
4 半自动	产品												┐P2
	材料		R1							┐P2			
5	产品		2P1	1P1									
	材料	1P1			2P1								
……													
合计	产品												
	材料	2R1			1R1								

附录表2-2　生产计划及采购计划编制（1—3年）

生产线		第1年				第2年				第3年			
		一季度	二季度	三季度	四季度	一季度	二季度	三季度	四季度	一季度	二季度	三季度	四季度
1	产品												
	材料												
2	产品												
	材料												
3	产品												
	材料												
4	产品												
	材料												
5	产品												
	材料												
6	产品												
	材料												
7	产品												
	材料												
8	产品												
	材料												
合计	产品												
	材料												

附录2　生产计划及采购计划

附录表2-3 生产计划及采购计划编划（4—6年）

生产线		第4年			第5年				第6年			
		一季度	二季度	三季度	四季度	一季度	二季度	三季度	四季度	一季度	二季度	三季度	四季度
1	产品												
	材料												
2	产品												
	材料												
3	产品												
	材料												
4	产品												
	材料												
5	产品												
	材料												
6	产品												
	材料												
7	产品												
	材料												
8	产品												
	材料												
合计	产品												
	材料												

附录 3 开工计划

产品	第 1 年				第 2 年				第 3 年			
	一季度	二季度	三季度	四季度	一季度	二季度	三季度	四季度	一季度	二季度	三季度	四季度
P1												
P2												
P3												
P4												
材料付款												

产品	第 4 年				第 5 年				第 6 年			
	一季度	二季度	三季度	四季度	一季度	二季度	三季度	四季度	一季度	二季度	三季度	四季度
P1												
P2												
P3												
P4												
材料付款												

附录 4　采购及材料付款计划

产品	第 1 年				第 2 年				第 3 年			
	一季度	二季度	三季度	四季度	一季度	二季度	三季度	四季度	一季度	二季度	三季度	四季度
P1												
P2												
P3												
P4												
材料付款												

产品	第 4 年				第 5 年				第 6 年			
	一季度	二季度	三季度	四季度	一季度	二季度	三季度	四季度	一季度	二季度	三季度	四季度
P1												
P2												
P3												
P4												
材料付款												

附录5 广告投入登记表

附录表5-1 A组订单

第一年：A组	(本地)			(区域)			(国内)			(亚洲)			(国际)		
产品	广告单额	数量	14K	产品	广告单额	数量	14K	产品	广告单额	数量	14K	产品	广告单额	数量	14K
		9K				9K				9K				9K	
P1				P1				P1				P1			
P2				P2				P2				P2			
P3				P3				P3				P3			
P4				P4				P4				P4			
第二年：A组	(本地)			(区域)			(国内)			(亚洲)			(国际)		
P1				P1				P1				P1			
P2				P2				P2				P2			
P3				P3				P3				P3			
P4				P4				P4				P4			
第三年：A组	(本地)			(区域)			(国内)			(亚洲)			(国际)		
P1				P1				P1				P1			
P2				P2				P2				P2			
P3				P3				P3				P3			
P4				P4				P4				P4			

续表

第四年：A组	（本地）			（区域）			（国内）			（亚洲）			（国际）		
产品	广告单额	数量 9K	14K	产品 广告单额	数量 9K	14K	产品 广告单额	数量 9K	14K	产品 广告单额	数量 9K	14K	产品 广告单额	数量 9K	14K
P1				P1			P1			P1			P1		
P2				P2			P2			P2			P2		
P3				P3			P3			P3			P3		
P4				P4			P4			P4			P4		

第五年：A组	（本地）			（区域）			（国内）			（亚洲）			（国际）		
产品	广告单额	数量 9K	14K	产品 广告单额	数量 9K	14K	产品 广告单额	数量 9K	14K	产品 广告单额	数量 9K	14K	产品 广告单额	数量 9K	14K
P1				P1			P1			P1			P1		
P2				P2			P2			P2			P2		
P3				P3			P3			P3			P3		
P4				P4			P4			P4			P4		

第六年：A组	（本地）			（区域）			（国内）			（亚洲）			（国际）		
产品	广告单额	数量 9K	14K	产品 广告单额	数量 9K	14K	产品 广告单额	数量 9K	14K	产品 广告单额	数量 9K	14K	产品 广告单额	数量 9K	14K
P1				P1			P1			P1			P1		
P2				P2			P2			P2			P2		
P3				P3			P3			P3			P3		
P4				P4			P4			P4			P4		

附录表 5-2 B组订单

第一年：B组	产品	广告单额	数量	9K	14K	产品	广告单额	数量	9K	14K	产品	广告单额	数量	9K	14K	产品	广告单额	数量	9K	14K
		(本地)					(区域)					(国内)					(亚洲)			
																(国际)				
P1						P1					P1					P1				
P2						P2					P2					P2				
P3						P3					P3					P3				
P4						P4					P4					P4				

第二年：B组	产品	广告单额	数量	9K	14K	产品	广告单额	数量	9K	14K	产品	广告单额	数量	9K	14K	产品	广告单额	数量	9K	14K
		(本地)					(区域)					(国内)					(亚洲)				
																(国际)				
P1						P1					P1					P1				
P2						P2					P2					P2				
P3						P3					P3					P3				
P4						P4					P4					P4				

第三年：B组	产品	广告单额	数量	9K	14K	产品	广告单额	数量	9K	14K	产品	广告单额	数量	9K	14K	产品	广告单额	数量	9K	14K
		(本地)					(区域)					(国内)					(亚洲)				
																(国际)				
P1						P1					P1					P1				
P2						P2					P2					P2				
P3						P3					P3					P3				
P4						P4					P4					P4				

附录5 广告投入登记表

续表

第四年：B组	(本地)			(区域)				(国内)				(亚洲)				(国际)			
产品	广告	单额	单数量	9K	14K	产品	广告	单额	单数量	9K	14K	产品	广告	单额	单数量	9K	14K		
P1						P1						P1							
P2						P2						P2							
P3						P3						P3							
P4						P4						P4							

(表格结构同上，第五年、第六年B组表格略)

附录表 5-3 C 组订单

第一年：C 组（本地）					（区域）					（国内）					（亚洲）					（国际）				
产品	广告单额	数量	9K	14K	产品	广告单额	数量	9K	14K	产品	广告单额	数量	9K	14K	产品	广告单额	数量	9K	14K	产品	广告单额	数量	9K	14K
P1					P1					P1					P1					P1				
P2					P2					P2					P2					P2				
P3					P3					P3					P3					P3				
P4					P4					P4					P4					P4				

第二年：C 组（本地）					（区域）					（国内）					（亚洲）					（国际）				
产品	广告单额	数量	9K	14K	产品	广告单额	数量	9K	14K	产品	广告单额	数量	9K	14K	产品	广告单额	数量	9K	14K	产品	广告单额	数量	9K	14K
P1					P1					P1					P1					P1				
P2					P2					P2					P2					P2				
P3					P3					P3					P3					P3				
P4					P4					P4					P4					P4				

第三年：C 组（本地）					（区域）					（国内）					（亚洲）					（国际）				
产品	广告单额	数量	9K	14K	产品	广告单额	数量	9K	14K	产品	广告单额	数量	9K	14K	产品	广告单额	数量	9K	14K	产品	广告单额	数量	9K	14K
P1					P1					P1					P1					P1				
P2					P2					P2					P2					P2				
P3					P3					P3					P3					P3				
P4					P4					P4					P4					P4				

续表

第四年：C组	（本地）				（区域）				（国内）				（国际）			
产品	广告额	单额	数量	9K 14K	产品	广告额	单额	数量 9K 14K	产品	广告额	单额	数量 9K 14K	产品	广告额	单额	数量 9K 14K
P1					P1				P1				P1			
P2					P2				P2				P2			
P3					P3				P3				P3			
P4					P4				P4				P4			

第五年：C组	（本地）				（区域）				（国内）				（国际）			
产品	广告额	单额	数量	9K 14K	产品	广告额	单额	数量 9K 14K	产品	广告额	单额	数量 9K 14K	产品	广告额	单额	数量 9K 14K
P1					P1				P1				P1			
P2					P2				P2				P2			
P3					P3				P3				P3			
P4					P4				P4				P4			

第六年：C组	（本地）				（区域）				（国内）				（国际）			
产品	广告额	单额	数量	9K 14K	产品	广告额	单额	数量 9K 14K	产品	广告额	单额	数量 9K 14K	产品	广告额	单额	数量 9K 14K
P1					P1				P1				P1			
P2					P2				P2				P2			
P3					P3				P3				P3			
P4					P4				P4				P4			

附录表 5-4 D 组订单

第一年：D 组	（本地）		（区域）			（国内）			（亚洲）			（国际）		
产品	广告单额	数量 9K	14K	产品	广告单额	数量 9K	14K	产品	广告单额	数量 9K	14K	产品	广告单额	数量 9K	14K
P1				P1				P1				P1			
P2				P2				P2				P2			
P3				P3				P3				P3			
P4				P4				P4				P4			

第二年：D 组	（本地）		（区域）			（国内）			（亚洲）			（国际）		
产品	广告单额	数量 9K	14K	产品	广告单额	数量 9K	14K	产品	广告单额	数量 9K	14K	产品	广告单额	数量 9K	14K
P1				P1				P1				P1			
P2				P2				P2				P2			
P3				P3				P3				P3			
P4				P4				P4				P4			

第三年：D 组	（本地）		（区域）			（国内）			（亚洲）			（国际）		
产品	广告单额	数量 9K	14K	产品	广告单额	数量 9K	14K	产品	广告单额	数量 9K	14K	产品	广告单额	数量 9K	14K
P1				P1				P1				P1			
P2				P2				P2				P2			
P3				P3				P3				P3			
P4				P4				P4				P4			

附录5 广告投入登记表

续表

第四年：D组

产品	本地 广告单额		本地 数量		区域 广告单额		区域 数量		国内 广告单额		国内 数量		亚洲 广告单额		亚洲 数量		国际 广告单额		国际 数量	
	9K	14K	9K	14K	9K	14K	9K	14K	9K	14K	9K	14K	9K	14K	9K	14K	9K	14K	9K	14K
P1																				
P2																				
P3																				
P4																				

第五年：D组

产品	本地 广告单额		本地 数量		区域 广告单额		区域 数量		国内 广告单额		国内 数量		亚洲 广告单额		亚洲 数量		国际 广告单额		国际 数量	
	9K	14K	9K	14K	9K	14K	9K	14K	9K	14K	9K	14K	9K	14K	9K	14K	9K	14K	9K	14K
P1																				
P2																				
P3																				
P4																				

第六年：D组

产品	本地 广告单额		本地 数量		区域 广告单额		区域 数量		国内 广告单额		国内 数量		亚洲 广告单额		亚洲 数量		国际 广告单额		国际 数量	
	9K	14K	9K	14K	9K	14K	9K	14K	9K	14K	9K	14K	9K	14K	9K	14K	9K	14K	9K	14K
P1																				
P2																				
P3																				
P4																				

附录表 5-5　E 组订单

第一年：E 组	(本地)			(区域)			(国内)			(亚洲)			(国际)		
产品	广告单额	数量 9K	14K	产品	广告单额	数量 9K	14K	产品	广告单额	数量 9K	14K	产品	广告单额	数量 9K	14K
P1				P1				P1				P1			
P2				P2				P2				P2			
P3				P3				P3				P3			
P4				P4				P4				P4			
第二年：E 组	(本地)			(区域)			(国内)			(亚洲)			(国际)		
产品	广告单额	数量 9K	14K	产品	广告单额	数量 9K	14K	产品	广告单额	数量 9K	14K	产品	广告单额	数量 9K	14K
P1				P1				P1				P1			
P2				P2				P2				P2			
P3				P3				P3				P3			
P4				P4				P4				P4			
第三年：E 组	(本地)			(区域)			(国内)			(亚洲)			(国际)		
产品	广告单额	数量 9K	14K	产品	广告单额	数量 9K	14K	产品	广告单额	数量 9K	14K	产品	广告单额	数量 9K	14K
P1				P1				P1				P1			
P2				P2				P2				P2			
P3				P3				P3				P3			
P4				P4				P4				P4			

续表

第四年：E组	（本地）			（区域）						（国内）						（亚洲）						（国际）			
产品	广告	单额	数量	产品	广告	单额	数量	9K	14K	产品	广告	单额	数量	9K	14K	产品	广告	单额	数量	9K	14K	产品	单额	数量	9K	14K
P1				P1						P1						P1						P1				
P2				P2						P2						P2						P2				
P3				P3						P3						P3						P3				
P4				P4						P4						P4						P4				

第五年：E组	（本地）			（区域）						（国内）						（亚洲）						（国际）			
产品	广告	单额	数量	产品	广告	单额	数量	9K	14K	产品	广告	单额	数量	9K	14K	产品	广告	单额	数量	9K	14K	产品	单额	数量	9K	14K
P1				P1						P1						P1						P1				
P2				P2						P2						P2						P2				
P3				P3						P3						P3						P3				
P4				P4						P4						P4						P4				

第六年：E组	（本地）			（区域）						（国内）						（亚洲）						（国际）			
产品	广告	单额	数量	产品	广告	单额	数量	9K	14K	产品	广告	单额	数量	9K	14K	产品	广告	单额	数量	9K	14K	产品	单额	数量	9K	14K
P1				P1						P1						P1						P1				
P2				P2						P2						P2						P2				
P3				P3						P3						P3						P3				
P4				P4						P4						P4						P4				

附录表 5-6　F 组订单

第一年：F 组

	（本地）					（区域）					（国内）					（亚洲）					（国际）				
产品	广告	单额	数量	9K	14K	产品	广告	单额	数量	9K	14K	产品	广告	单额	数量	9K	14K	产品	广告	单额	数量	9K	14K	产品	广告	单额	数量	9K	14K
P1						P1						P1						P1						P1					
P2						P2						P2						P2						P2					
P3						P3						P3						P3						P3					
P4						P4						P4						P4						P4					

第二年：F 组

	（本地）					（区域）					（国内）					（亚洲）					（国际）				
产品	广告	单额	数量	9K	14K	产品	广告	单额	数量	9K	14K	产品	广告	单额	数量	9K	14K	产品	广告	单额	数量	9K	14K	产品	广告	单额	数量	9K	14K
P1						P1						P1						P1						P1					
P2						P2						P2						P2						P2					
P3						P3						P3						P3						P3					
P4						P4						P4						P4						P4					

第三年：F 组

	（本地）					（区域）					（国内）					（亚洲）					（国际）				
产品	广告	单额	数量	9K	14K	产品	广告	单额	数量	9K	14K	产品	广告	单额	数量	9K	14K	产品	广告	单额	数量	9K	14K	产品	广告	单额	数量	9K	14K
P1						P1						P1						P1						P1					
P2						P2						P2						P2						P2					
P3						P3						P3						P3						P3					
P4						P4						P4						P4						P4					

附录5　广告投入登记表

续表

第四年：F 组

产品	广告单额数量 9K 14K（本地）	产品	广告单额数量 9K 14K（区域）	产品	广告单额数量 9K 14K（国内）	产品	广告单额数量 9K 14K（亚洲）	产品	广告单额数量 9K 14K（国际）
P1		P1		P1		P1		P1	
P2		P2		P2		P2		P2	
P3		P3		P3		P3		P3	
P4		P4		P4		P4		P4	

第五年：F 组

产品	广告单额数量 9K 14K（本地）	产品	广告单额数量 9K 14K（区域）	产品	广告单额数量 9K 14K（国内）	产品	广告单额数量 9K 14K（亚洲）	产品	广告单额数量 9K 14K（国际）
P1		P1		P1		P1		P1	
P2		P2		P2		P2		P2	
P3		P3		P3		P3		P3	
P4		P4		P4		P4		P4	

第六年：F 组

产品	广告单额数量 9K 14K（本地）	产品	广告单额数量 9K 14K（区域）	产品	广告单额数量 9K 14K（国内）	产品	广告单额数量 9K 14K（亚洲）	产品	广告单额数量 9K 14K（国际）
P1		P1		P1		P1		P1	
P2		P2		P2		P2		P2	
P3		P3		P3		P3		P3	
P4		P4		P4		P4		P4	

附录表 5-7 订单汇总表 第 组

第一年本地			第二年本地			第三年本地			第四年本地			第五年本地			第六年本地		
产品	广告	9K	14K	产品	广告	9K	14K	产品	广告	9K	14K	产品	广告	9K	14K	产品	广告	9K	14K	产品	广告	9K	14K
P1				P1				P1				P1				P1				P1			
P2				P2				P2				P2				P2				P2			
P3				P3				P3				P3				P3				P3			
P4				P4				P4				P4				P4				P4			

第一年区域			第二年区域			第三年区域			第四年区域			第五年区域			第六年区域		
产品	广告	9K	14K	产品	广告	9K	14K	产品	广告	9K	14K	产品	广告	9K	14K	产品	广告	9K	14K	产品	广告	9K	14K
P1				P1				P1				P1				P1				P1			
P2				P2				P2				P2				P2				P2			
P3				P3				P3				P3				P3				P3			
P4				P4				P4				P4				P4				P4			

第一年国内			第二年国内			第三年国内			第四年国内			第五年国内			第六年国内		
产品	广告	9K	14K	产品	广告	9K	14K	产品	广告	9K	14K	产品	广告	9K	14K	产品	广告	9K	14K	产品	广告	9K	14K
P1				P1				P1				P1				P1				P1			
P2				P2				P2				P2				P2				P2			
P3				P3				P3				P3				P3				P3			
P4				P4				P4				P4				P4				P4			

第一年亚洲			第二年亚洲			第三年亚洲			第四年亚洲			第五年亚洲			第六年亚洲		
产品	广告	9K	14K	产品	广告	9K	14K	产品	广告	9K	14K	产品	广告	9K	14K	产品	广告	9K	14K	产品	广告	9K	14K
P1				P1				P1				P1				P1				P1			
P2				P2				P2				P2				P2				P2			
P3				P3				P3				P3				P3				P3			
P4				P4				P4				P4				P4				P4			

第一年国际			第二年国际			第三年国际			第四年国际			第五年国际			第六年国际		
产品	广告	9K	14K	产品	广告	9K	14K	产品	广告	9K	14K	产品	广告	9K	14K	产品	广告	9K	14K	产品	广告	9K	14K
P1				P1				P1				P1				P1				P1			
P2				P2				P2				P2				P2				P2			
P3				P3				P3				P3				P3				P3			
P4				P4				P4				P4				P4				P4			

附录5 广告投入登记表

附录6　ERP沙盘模拟对抗规则简表

一、建筑

	A厂房	B厂房
价值	40M	30M
租金/年	5M	3M
生产线	6条	4条

二、资格认证

ISO 9000	ISO 14000
时间　2年	时间　3年
投资　1M/年	投资　1M/年

三、产品标识与产品加工费

P1产品	P2产品	P3产品	P4产品
原材料：R1	原材料：R1 + R2	原材料：2×R2 + R3	原材料：R2 + R3 + 2×R4
原材料费：1M	原材料费：2M	原材料费：3M	原材料费：4M
加工费：1M			

四、更新费用与周期

生产线类型	手工	半自动	全自动	柔性
购买价	5M	10M	15M	20M
安装周期	无	2Q	3Q	4Q
生产周期	3Q	2Q	1Q	1Q
残值	1M	2M	3M	4M
变更时间	无	1Q	2Q	无
变更成本	无	1M	4M	无
折旧	1M/年	2M/年	3M/年	4M/年

五、产品研发周期与投资

产品	P1	P2	P3	P4
时间	4Q	6Q	6Q	6Q
投资	1M/Q	1M/Q	2M/Q	3M/Q

六、新市场进入

市场	本地	区域	国内	亚洲	国际
时间	1年	1年	2年	3年	4年
投资	1M/年	1M/年	1M/年	1M/年	1M/年

七、订单获取

1. 市场投入 　　最低市场投入，每个市场各1M。 　　1M 的最低投入将会给你至多一个订单，每加 2M 会有机会获得一个额外订单	2. 订单选择顺序 　　由上年的市场领导者最先选单，然后按某产品某市场的市场投入；若相同，按全部产品的市场投入最多者；还相同，竞标

八、贷款

贷款类型	贷款时间	贷款额度	年息	还款方式
长期贷款	每年年末	权益的3倍 – 已贷长（短）期贷款	10%	年底付息，到期还本
短期贷款	每季度初	权益的3倍 – 已贷长（短）期贷款	5%	到期一次还本付息
高利贷	任何时间	与银行商议	20%	到期一次还本付息
资金贴现	任何时间	视应收款额	1:6	变现时贴息